Inhaltsverzeichnis

Einleitung

Ziel dieses Buches

Zusätzliches Material und Support

Was ist eine Keyword-Analyse?

Keyword-Analyse, der Schlüssel zum Erfolg

Funktionen & Relevanz einer Keyword-Analyse

Keyword-Analyse auf anderen Plattformen

Die Keyword-Recherche – Die Schritt für Schritt Anleitung

1. Keywords erfassen
2. Keyword-Analyse planen
3. Keywords suchen
4. Mitbewerber analysieren

Auswahl der Wettbewerber

Welche Keywords verwenden meine Wettbewerber?

Abgleich der eigenen Webseite mit der des Wettbewerbers

Auswertung der Inhalte und Keywords

Wie Google arbeitet

5. Suchvolumen filtern

Shorttail- im Vergleich zu Longtail-Keywords

6. Keyword-Gruppen erstellen

Keywords vs. Themen

7. Suchintention berücksichtigen
8. Wann lohnt sich eine Adwords-Kampagne?

TEIL 2

Die richtigen Tools für die Keyword-Analyse
Der Google Keyword-Planner
Voraussetzung für die Nutzung des Google Keyword Planners
Geschummelt etwas die Voraussetzungen des Keyword Planners umgehen
Funktionen des Google Keyword Planners
Alternativen zum Keyword-Planner
Kostenlose Keyword-Planner-Alternativen
Kostenpflichtige Tools
Browser Add-Ons
Keyword-Analyse mit Google Analytics
Keyword-Analyse mit Google Trends
Keyword-Analyse mit der Google Search Console
Keyword-Analyse mit der Google-Suche
Keyword-Analyse mit Suggest-Tools
Analyse der Termgewichtung – Das WDF*IDF-Tool
Mit W-Fragen-Tools die Top-Keywords definieren
Keyword-Analyse mit AnswerThePublic
Konkurrenz-Keywords mit SimilarWeb und SEMRush analysieren

Keyword-Analyse mit Bing
Keyword-Analyse auf YouTube
YouTube für die Keyword Recherche nutzen
Keyword Recherche für YouTube
Keyword-Analyse für Amazon&Co.
Geeignete Keywords für Instagram Hashtags finden
Einen Blog mit organischen Keywords boosten

Bekomme mein neustes Buch GRATIS

Ich liebe es über Methoden und Strategien im Online Marketing zu schreiben und ich bin laufend an einem neuen Buchprojekt dran.

Wenn du mein nächstes Buch GRATIS bekommen möchtest, melde Dich hier für meine VIP Liste an und erhalte mein nächstes Buch KOSTENFREI.

Hier kannst du Dich für meine VIP Liste anmelden.

www.howtosellbig.com/vip

&

Gib mir dein Feedback zu diesem Buch auf Amazon.

Weitere Bücher von Nora Holtmann

Du findest weitere Bücher von Nora Holtmann
auf Amazon unter:

https://amzn.to/2Dr5NvK

Einleitung

Online Marketing beruht auf der Vorstellung, dass deine Leser von sich aus Informationen suchen, diese Suche bei Google starten und durch die Google-Recherche dann auf deine Webseite kommen. Da jedoch immer mehr Unternehmen umfangreiche Inhalte produzieren und immer mehr Anbieter Anzeigen schalten, wird das Thema Google-Optimierung immer komplexer. Quartalsweise verändert Google seine Algorithmen, um die Hersteller von Content zu immer größerer Qualität zu zwingen.

Und so wird es für Blogger und kleine Unternehmer immer schwieriger ihre Inhalte auf die Anforderungen der Suchroboter (Google, Bing und Co.) abzustemmen. Die Folge ist, dass die Suchmaschinen die kleinen Blogs und Webseiten nicht besonders gut bewerten und sie auf den Suchseiten nur ganz weit hintern aufgelistet werden. Aber ehrlich man, wer bei Google nicht mindestens auf der 2. Seite gelistet wird, wird kaum noch Traffic (d.h. Besucher) auf seine Webseite bekommen.

Tatsächlich ist es so, dass nur weniger als 10% der Blogger und kleinen Unternehmer die Möglichkeiten der Keyword-Recherche nutzen, um ihre Webseitenpräsenz und/oder ihr Online-Marketing zu optimieren.

Gleichzeitig klicken aber über 90% der Google Suchmaschinennutzer auf eines der ersten drei Suchergebnisse. Siehst du das große Ungleichgewicht? Eine Webseite, die bei Google nicht gut gerankt wird, sammelt weniger Traffic und dümpelt so einfach vor sich hin. Während die großen Agenturen und SEO-Profis alle Besucher auf ihre Webseiten lotsen.

Viele, denen die Keyword-Recherche zu umständlich erscheint, versuchen nun Werbeanzeigen bei Google zu schalten, um mehr Besucher auf ihre Webseite zu lenken (Dieses Verfahren wird von den Internet-Marketern gerne als „Kunden auf Knopfdruck“ gewinnen, bezeichnet.) Das ist ein aber ein großer Irrtum und funktioniert so nicht, wenn du mich fragst. Denn hier brauchst du ebenfalls eine umfangreiche Keyword-Recherche, damit deine Werbeanzeigen auch wirklich zielgruppengenau ausgespielt werden. Wenn du deine Anzeigen nicht Keyword-optimiert einsetzt, verlierst du viel, viel Geld und das bringt dir überhaupt nichts. du kannst dir viel Geld sparen, wenn du auch hier eine genaue Keyword-Analyse machst und deine Webseite von Anfang an auf die richtigen Keywords hin optimierst.

Mein Name ist Nora Holtmann. Ich bin Bloggerin und arbeite als Dozentin für Online -Marketing. Mein Ziel ist es, meinen Schülern die besten Techniken und so viel wie möglich strategisches Hintergrundwissen beizubringen. Alles was ich dir erzähle, habe ich selbst erprobt und getestet.

Mit diesem Buch möchte ich dich ermutigen, dich aktiv mit dem Thema Keyword-Analyse auseinander zu setzen. Ich zeige dir, wie du eine qualitative, aussagekräftige und detaillierte Keyword-Recherche Schritt für Schritt durchführst.

Ziel dieses Buches

Mit diesem Buch erhältst du eine Schritt-Für-Schritt Anleitung als Blue Print für deine Keyword-Analyse. Ich zeige dir Tools mit denen du nicht nur auf Google, sondern auch auf anderen Plattformen deinen Content weit nach vorn bringen kannst.

Lass dich nicht von dem komplexen Titel „Keyword-Recherche“ einschüchtern. Ich werde dir mit ganz einfachen Worten und ganz verständlich erklären, wie du zukünftig deine Keywords finden, auswählen und optimal im Text platzieren kannst.

Wenn du es ernst mit Online-Marketing meinst, kommst du an Keyword-Recherchen nicht vorbei. Denn wenn du mit Google-Adwords-Kampagnen arbeiten willst, musst du deine Kampagnen ebenfalls vorbereiten, indem du die richtigen Keywörter herausfindest.

Du siehst, du brauchst Keyword-Recherchen sowohl für den organischen als auch für den Paid-

Traffic. Eine saubere Keyword-Recherche hilft dir Leute auf deine Webseite zu locken und preiswerter Werbeanzeigen zu schalten. Außerdem hilft es dir, deine Webseite qualitativ besser aufzuwerten. Keywords zwingen dich konzentrierter und mehr „auf den Punkt“ zu schreiben. Das lieben die Leser und bleiben deshalb länger auf deiner Seite. Dies ist schon ein erstes wichtiges Kriterium, das du erfüllen musst, damit Google deine Seite weiter nach vorn bringt.

Zusätzliches Material und Support

Auf meinem Blog www.howtosellbig.com gebe ich Dir weitere Hacks und Tipps, wie du dich erfolgreich mit Online Marketing und Plattformen wie Instagram und Facebook positionieren kannst.

Außerdem möchte ich diese Gelegenheit nutzen, Dir exklusiven Zugang zu meiner Leser VIP Liste zu ermöglichen. Hier erfährst du weitere Tipps und Tools und erhältst von mir GRATIS mein nächstes Buch.

Hast Du Fragen bei deiner Keyword Recherche, dann wende dich gerne an mich. Du erreichst mich unter der E-Mail Adresse mail@howtosellbig.com oder schaue auf meinem Blog vorbei, vielleicht hilft Dir ja einer meiner Artikel.

Wie Google arbeitet

Bestimmt hast du schon einmal gehört, dass die Suchmaschine Google über Keywörter arbeitet. Dies ist auch zu großem Teil richtig.

Zunächst ist Google ein programmierter Bot, der mit Algorithmen arbeitet. Diese werden von Google regelmäßig verändert und als „Updates“ bekannt gegeben. Wie genau der Google Algorithmus aber funktioniert ist streng geheim, Googles größtes Geheimnis, wenn du so willst.

Dennoch sind einige Bewertungsfaktoren des Algorithmus bekannt. Man weiß jedoch, dass es über 200 Faktoren gibt, von denen lediglich einige bekannt sind. Einer dieser bekannten Bewertungsfaktoren sind die Keywörter, Suchbegriffe, die von Nutzern in die Suchmaschine eingegeben werden.

Aktuell verändert Google seinen Algorithmus wieder, was auch Anfängern die Chance gibt, alte Hasen aus dem Feld zu schlagen, wenn neue Richtlinien besser erfüllt werden.

Um deine Webseite jetzt richtig aufzustellen, brauchen wir die richtigen Keywörter an den richtigen Platzierungen. Jetzt fragst du dich welches die richtigen Platzierungen sind? Klar, gebe ich dir die Antwort:

- In längeren Texten
- In den Meta-Daten deiner Webseite
- Als Alt-Texte hinter deinen Bildern
- In den Überschriften und im Menü

Es gibt noch weitere Platzierungsmöglichkeiten, aber da du für eine Keyword-Platzierung erst einmal die richtigen Keywörter brauchst, geht es in diesem Buch um die Recherche für die richtigen Keywords.

Was ist eine Keyword-Analyse?

Unter Keyword-Analyse werden die Recherche, Definition und Bewertung von relevanten Keywords verstanden. du kannst Keywords für deine eigene Webseite, eine Werbekampagne oder für einen

Social-Media-Kanal suchen. Ziel ist es, jene Suchbegriffe zu finden, die deine Zielgruppe am meisten sucht, damit du ihnen zielgerichtet deine Inhalte bereitstellen kannst. Damit steht am Anfang jeder Suchmaschinenoptimierung eine umfangreiche Keyword-Analyse. Sie bildet die Basis für deine SEO-Strategie.

Hast du durch deine Recherche die relevanten Keywords gefunden, dann kannst du deine Texte, deinen Content und deine Webseite auf diese Keywords optimieren. Es liegt auf der Hand, dass du ohne Keywords kein SEO machen kannst. du brauchst also Informationen darüber, welche Suchbegriffe es in deinem jeweiligen Themenumfeld gibt, und wie oft diese Keywords tatsächlich gesucht werden. (Das heißt, wie hoch das Suchvolumen ist). Schließlich nutzt es nichts, wenn du deinen Blog perfekt auf Keywords optimiert hast, aber niemand nach diesen Worten sucht.

Wenn du genügend Keywords gefunden hast, werden diese in Unterthemen zusammengefasst, damit du nicht den Überblick verlierst. Dann sehen wir uns die Suchintention hinter den einzelnen Keywords an, damit du dann auch die richtigen Inhalte anbieten kannst.

Die Ergebnisse von Keyword-Analyse können stark voneinander abweichen. Für eine vollständige Webseite kann eine Keyword-Analyse schon einmal mehrere Tage in Anspruch nehmen. Eine Keyword-Recherche für einen einzelnen Blogbeitrag sollte aber auch in unter 30 Minuten erledigt sein. du siehst schon, es kommt darauf an, wie tief du in die Thematik eintauchen möchtest.

Keyword-Analyse, der Schlüssel zum Erfolg

Wenn wir uns mit einem Thema besonders gut auskennen, neigen wir dazu Fachwörter und Fachbegriffe (Fachjargon) zu verwenden. Wenn du nun eine Webseite zu einem bestimmten Thema aufbauen willst, dann kann es dir passieren, dass du viele Fachworte (Fachtermini) verwendest, die ein Laie auf deinem Gebiet nicht verwenden würde. Beispielsweise verwenden Krankenpfleger und

Orthopäden das Wort *Gehhilfe*, wo ein Laie einfach *Krücken* sagen würde.

Es geht bei der Keyword-Recherche also darum, sich genau in die Wortwahl deiner Zielgruppe hineinzudenken. Wenn ich eine Webseite für Experten schreiben möchte, dann verwende ich das Wort Gehhilfe. Wenn ich Laien über Knieverletzungen informieren möchte, verwende ich das Wort *Krücke*. Wenn du das Ziel hast, ein möglichst breites Zielpublikum anzusprechen, dann musst du zunächst die Sprache deiner Zielgruppe verwenden, und dann die Fachtermini erklären. Auf diese Weise kannst du dann die laienhaften Worte nach und nach in den Hintergrund stellen und seltener verwenden, damit deine Inhalte auch von Profis akzeptiert und anerkannt werden.

Eine Keyword-Analyse soll dir aufzeigen, welche Begriffe deine Zielgruppe verwendet, um im Internet nach bestimmten Inhalten zu suchen.

Damit deine Webseite bei Google auf Platz eins landet, muss sie von Anfang an so konzipiert sein, dass sie für die von deiner Zielgruppe verwendeten Keywords, besonders gut rankt. du findest diese Worte durch eine *qualitative Keyword-Analyse* heraus.

Dabei hilft dir eine Keyword Analyse nicht nur bei der Ausrichtung und Konzeption deiner Webseite und deines Contents. du brauchst sie auch für alle anderen Marketingtätigkeiten wie:

- Suchmaschinenmarketing,
- Google AdWords,
- Werbeanzeigen
- Webseitencontent,
- Backlinks,
- Social-Media,
- Content-Marketing,
- Bildoptimierungen,
- YouTube-Videos und Podcasts.

Du siehst, eine Keyword-Recherche begünstigt viele unterschiedliche Bereiche des Online-

Marketings und steht immer am Anfang einer erfolgreichen Umsetzung.

Ich freue mich darauf, dir im nächsten Abschnitt genauer zu erklären, wie man eine Keyword-Recherche durchführt. Bleibe am Ball, es bleibt spannend!

Funktionen & Relevanz einer Keyword-Analyse

Wie wichtig die Keyword-Analyse ist, kannst du bei Google selbst erkennen. Google ist die größte Suchmaschine der Welt. Pro Tag werden mehr als 3,4 Milliarden Suchanfragen an Google gestellt. (https://www.internetlivestats.com/) Jede einzelne Suchanfrage wird von Google gespeichert. Deshalb können diese Worte nachträglich mit Keyword-Tools, wie z.B. der *Google Keyword Planner*, genau analysiert werden. du kannst herausfinden, wie viele User, welchen Begriff, wie oft im Monat in welche Suchmaschine eingegeben.

Die meisten sehen Google nur als Suchmaschine. Dabei macht das Unternehmen viel mehr. Google hat sich selbst das Ziel gesetzt, dass sie in wenigen Jahren, 20 Minuten im Voraus erkennen können, was User als nächstes brauchen, denken oder nutzen möchten. Um diese Aufgabe lösen zu können, werden neben der eigentlichen Suchanfrage eines Nutzers auch Daten über seinen

- Aufenthaltsort (Länder-Codes, und Sprache der Suchanfrage),
- besuchte Websites (IP-Adresse und Pixel),
- die Betriebsversion, Bildschirmgröße und der Browser, der für die Suchanfrage verwendet wurde gespeichert.

Falls es Dich interessiert, welche Daten Google in den letzten Jahren, Monaten, Tagen oder Stunden von dir gesammelt hat, kannst du dir diese hier ansehen:

- https://www.google.com/maps/timeline

Hast du auch ein Google Konto, kannst du unter

- https://myactivity.google.com/

einsehen, welche Daten Google von dir hier speichert.

Neben der eigentlichen Suchanfrage sammelt die Suchmaschine also wesentlich mehr Daten. Durch moderne Algorithmen versteht Google sogar Zusammenhänge zwischen Singular und Plural oder Wörtern in unterschiedlichen Sprachen.

Google macht das nicht, um dich zu überwachen, sondern um seinen Kunden (d.h. Werbetreibenden, die viel Geld für die Platzierung von ihren Anzeigen bezahlen), Anzeigenplätze zu offerieren, die genau auf ihre Produkte zugeschnitten sind. Das Geschäftsmodell von Google besteht darin, Werbeanzeigen nur dann zu publizieren, wenn sie zu dem Suchbegriff, den die Person gerade eingibt, aber auch zur Intention, die diese Person gerade verfolgt, passen. Durch diese Art der Werbung sehen nur die Nutzer eine Werbeanzeige, die sich auch tatsächlich für das Thema interessieren.

Nutzer, die über eine spezifische Keyword-Suche auf eine Werbeanzeige stoßen, klicken mit einer höheren Wahrscheinlichkeit auf diese Anzeige als wahllos ausgespielte Werbung.

Wenn ein Kunde auf eine Anzeige klickt, nennt man dies Conversion. Da die Conversion, bei Usern, die sich bereits mit einem Thema beschäftigen, deutlich höher ist, ist es wichtig seine Werbeanzeigen auf die richtigen Keywords zu stellen. Welche die richtigen Keywords sind, die User zum Klicken verleiten finden wir ebenfalls mit einer Keyword-Recherche heraus.

Google versucht immer seinen Nutzern den höchsten Nutzen und die größte Relevanz zu bieten. So wählt Google deine Webseite zu einer guten Platzierung nur dann aus, wenn sie optimal zu der Suchanfrage von Kunden passt. Für die Auswahl, ob deine Webseite passt, verwendet Google viele unterschiedliche Faktoren, die in regelmäßigen Abständen verändert werden.

Faktor Nummer eins ist, dass deine Webseite Themen behandelt, die für Nutzer relevant sind. Zum Erkennen dieser Inhalte nutzt der Google Algorithmus Keywords. Sucht ein Nutzer nach Deinen Themen, gibt er Keywords ein, die ihn zu deinen Ergebnissen führen. Ist deine Webseite nicht auf diese Keywords optimiert, wird Google deine Webseite nicht als relevant erachten und du landest auf den Ergebnisseiten ganz weit hinten. Hast du deine Aufgabe aber gut gemacht, sind deine Keywords richtig ausgewählt und platziert, kann es sein, dass Google deine Webseite als besonders relevant einstuft und du es schaffst, ganz vorne eingestuft zu werden.

Ohne Keyword Analyse wird dein Content niemals von Google als relevant bewertet werden, daher ist die Keyword Analyse eines der wichtigsten Marketing-Instrumente überhaupt.

Keyword-Analyse auf anderen Plattformen

Je nach Plattform kannst du mit deiner Keyword Analyse unterschiedliche Ziele verfolgen. In der nachfolgenden Tabelle siehst du, welche Ziele deine Keyword-Recherche haben kann:

Genutzte Tools	Ziel der Analyse
Google und Bing	• Suchmaschinenoptimierung • Ideen für SEO-Blogbeiträge • Google-Ads-Titel und -Keywords • Produktanfragen und -potenzial • Konkurrenzanalysen
YouTube	• Videoranking bei YouTube • Ideen für neue Videos • Video-Ads-Titel und -Keywords
Amazon	• Absatz- und Verkaufspotenzial • Neue Produktnamen • Amazon-SEO und -Ranking

	• Konkurrenzanalyse • Amazon-Ads-Titel und -Keywords
Instagram (Hashtags)	• Trends auf Instagram erkennen • Optimierung von Beiträgen • Größere Reichweite von Beiträgen • Instagram-Ads-Keywords
Website (Google analytics)	• Besucheranalyse aller Kanäle • Kampagnen-Keyword-Analyse • Organischer Traffic • Zielgruppe und Userverhalten erkennen
Google Trends	• Analyse von Trends • Vorhersagen zu und Vergleich von Keywords

Eine Keyword Analyse für mehr als eine Plattform kann sehr umfangreich sein und durchaus mehrere Tage dauern. Die Vorgehensweise ist auf allen Plattformen meist sehr ähnlich, wenn auch die Tools, die du dazu verwenden musst, unterschiedlich. Mit meiner Keyword-Recherche-Strategie kannst du aber in jedem Fall arbeiten.

Fertig? Nun geht´s los. Ich zeige dir jetzt, wie du Schritt für Schritt eine Keyword-Recherche durchführst.

Weiter hinten im Buch, im letzten Abschnitt (Teil 2), findest du jede Menge Tools, die du für die Umsetzung deiner Strategie gebrauchen kannst. du findest sie auch hier auf den Buchseiten, doch habe ich dir eine Art Tool-Glossar am Ende des Buches zusammengestellt. Bist du auch schon so gespannt wie ich? Dann lass uns direkt zum Schritt-für-Schritt Keyword-Recherche Plan weitergehen!

Die Keyword-Recherche – Die Schritt für Schritt Anleitung

In diesem Abschnitt wollen wir uns ansehen, wie du eine Keyword-Recherche Schritt für Schritt durchführst und so deine passenden Keywords findest. Zunächst ist es erst einmal egal, ob du Keywords für eine Webseite, eine Ad-Kampagne oder für einen Social-Media-Kanal suchst. Am Anfang beginnst du immer damit, die richtigen Keywords erst einmal zu erfassen.

Insgesamt umfasst die Keyword-Recherche 8 Schritte, die wir hier nach und nach besprechen werden:

1. Keywords erfassen

2. Keyword-Analyse planen

3. Keywords mit Hilfe von Tools suchen

4. Mitbewerber analysieren

5. Keywords filtern

6. Keywords gruppieren

7. Suchintention meiner User berücksichtigen

8. Der Einsatz von Adwords-Kampagnen

Bist du weiterhin motiviert? Dan lass uns direkt starten!

1. Keywords erfassen

Bevor du Dich daran machst Keywords zu finden, solltest du Dich erst einmal grundsätzlich mit dem Thema, zu dem du Keywords suchst, vertraut machen. Wenn du in einem Unternehmen arbeitest, kennst du Dich wahrscheinlich gut mit dem Angebot des Unternehmens aus. Auch als Blogger, wirst du deine Nische gut kennen. Es könnte aber sein, dass du ein anderes Wording (andere Worte) verwendest als jemand, der noch nicht so gut mit dem Thema vertraut ist. Achte also auf dein Zielpublikum und versuche Dich in deine Leser hineinzuversetzen, die noch nicht gut mit Deinem Thema bewandert sind. Fängst du gerade mit einem ganz neuen Projekt an, kommst du sowieso nicht darum herum, Dich mit der Thematik auseinander zu setzen.

Zuerst besorge dir Informationen zu dem Thema und mache dich mit den wichtigsten Vokabeln vertraut. Ich empfehle immer, dir zunächst ein oder zwei Bücher zu kaufen. Hier bekommst du für wenig Geld das Know-how von Leuten, die sich schon jahrelang mit einem Thema beschäftigt haben. Klar, dass diese Leute dann auch wissen, welche Vokabeln in diesem Fachgebiet verwendet werden. Auch wenn es ein wenig Zeit in Anspruch nehmen kann, ist diese Erkundungsphase durchaus sinnvoll. Verzichtest du darauf, kann es dir später schwerfallen, relevante Keywords zu erkennen und einzuschätzen. Es ist klar, dass die Dauer deiner Recherche abhängig ist von dem Thema, das du bearbeiten willst. Weitere Anlaufstellen für deine Themenerkundung sind Wikipedia oder Themenwebseiten. Natürlich solltest du auch offline recherchieren und Sachkundige auf diesem Gebiet befragen.

Wenn ich ein neues Thema bearbeite, dann finde ich es hilfreich, mir für einen ersten Überblick ein Mindmap zu dem Thema zu erstellen. Dies kann man ganz traditionell auf einem Blatt Papier oder einem Whiteboard machen oder man verwendet eine Mindmap-Software wie das kostenfreie Tool FreeMind. Schreibe alle Begriffe auf, die dir zu dem Thema einfallen. Achte darauf, dass du sowohl Begriffe verwendest, die Fachkundige aber auch Laien, verwenden.

Beispiel für Phase eins.

Stell dir vor, du würdest eine Keyword-Analyse zum Thema Kontaktlinsen für einen Kontaktlinsen-Onlineshop machen. Nachdem du dich etwas in die Thematik eingelesen hast, weißt du, dass es weiche und harte (formstabile) Kontaktlinsen gibt. Dann gibt es Tages-, Monats- und Jahreslinsen und man unterscheidet zwischen torischen, multifokalen, biofokalen und sphärischen Linsen. Außerdem gibt es Tages- und Nachtlinsen, sowie farbige und

Motiv-Linsen. Dazu gibt es spezielle Pflegemittel und Zubehör. Mit diesem Hintergrundwissen hast du dir bereits einen ersten Überblick über das Themengebiet verschafft, und kannst dir ein grobes Konzept erstellen. du weißt nun, welche Unterbereiche dieses Themengebiet hat und welche du davon abdecken möchtest. So kannst du deine Keywords später leichter einordnen.

2. Keyword-Analyse planen

Nachdem du dein Themen-Mindmap erstellt hast, kannst du mit der praktischen Keyword-Recherche starten. Doch bevor wir ins Detail gehen, musst du noch etwas mehr planen. Immerhin bringt es uns nichts, wild drauflos zu suchen.

Ich empfehle dir, zunächst eine Excel-Tabelle mit drei (oder vier) Spalten anzulegen.

- In die ersten Spalte schreibst du die Obergruppe der Keywords.

- In die zweite Spalte schreibst du deine gefundenen Keywords
- In die dritten Spalte notierst du dir das Suchvolumen dieser Keywords
- Bist du daran interessiert bezahlte Werbekampagnen zu starten, empfehle ich dir in noch eine vierte Spalte, in die du den CPC (Cost per Click), also den durchschnittlichen Gebotspreis für das jeweilige Keyword aufschreibst.

Mach dir folgendes Vorgehen bewusst. Es macht einen großen Unterschied, ob du ein Keyword für organischen Traffic oder für eine bezahlte Werbekampagne (Paid Traffic) suchst.

Suchst du ein Keyword für einen Blogbeitrag oder einen Social Media Post (organischen Traffic), ist dein Ziel ein Keyword **mit hohem Suchvolumen und geringer Konkurrenz** zu finden. Mit dieser Strategie hast du bei Google die besten Chancen, hoch gerankt zu werden, bzw. dass du auf einem Social-Media-Kanal schnell viele User erreichst.

Ist dein Ziel eine bezahlte Werbekampagne zu starten, dann rate ich dir nach Keywords **mit hohem Suchvolumen und geringem CPC** zu suchen. Denn du hast wenig Spaß daran, wenn du einen hohen CPC-bezahlen musst, und deine Anzeige dennoch nur wenigen Nutzern gezeigt wird. In diesem Fall wird dein Budget sehr schnell aufgebraucht sein.

Gefällt dir das Buch soweit?

GIB MIR dein FEEDBACK AUF AMAZON

Du bist unentschieden? Dann gib mir dein Feedback einfach später…

3. Keywords suchen

Für die Suche der richtigen Keywords gibt es viele unterschiedliche Tools, sie sind im zweiten Teil dieses Buches aufgelistet.

Nun geht es mit den Zahlen in die Tiefe

Nachdem du dir in Schritt 1 und 2 einen Überblick verschafft hast und dir eine Excel Tabelle angelegt hast, geht es ins Detail, die ausschlaggebenden Zahlen zu ergründen.

Wenn du die unterschiedlichen Tools nutzt, die ich dir vorstelle, wirst du ziemlich schnell einen ganze Menge Keywords finden.

Weil das ganze schnell etwas verwirrend oder überfordernd werden kann, rate ich dir folgendermaßen vorzugehen:

Nimm dir wieder ein großes Blatt Papier (oder eine neue Mindmap-Datei) und mache ein Brainstorming zu dem gesuchten Keyword. Nach deiner Recherche und eigenen Überlegungen, was wird in die Suchmaschine eingegeben und passt zu deinem Thema? Schreibe alle Suchanfragen auf, die du eingeben würdest, nimm weitere Vorschläge aus den Tools auf und schreibe alle in das Mindmap, oder direkt in die Excel Tabelle auf.

Im zweiten Schritt verwende die Google Suche und ergänze deine Keywords mit den Vorschlägen, die du dort findest. Dabei kannst du auch gleich feststellen, ob die Suchanfragen der Nutzer, zu Deinen geplanten Inhalten bzw. Deinem Inhaltsformat passen.

Notiere dir alle Keywords in deiner Excel und sortiere sie dabei schon einmal grob in Gruppen nach Themen.

Anschließend kannst du deine Keywords dann mit dem Google Keyword-Planner oder Alternativen (z.B. Ubersuggest oder Keywordfinder.io) ergänzen. Notiere dir nun das Suchvolumen und ggf. den CPC jedes Keywords in der 3. Und 4. Spalte auf deinem Excel-Sheet. Einige Tools bieten dir an, dass du die Liste der Keywords auch exportieren kannst. Dies beschleunigt die Arbeit natürlich.

Am Ende dieses Schritts solltest du eine längere Tabelle mit unterschiedlichen Keywords haben, ggf.

aus unterschiedlichen Herangehensweisen gefundenen. Zu den einzelnen Keywords ergänzt du auch direkt das Suchvolumen. Unter Umständen musst du für das Suchvolumen andere Tools verwenden als für die Keyword-Recherche. du findest unterschiedliche Recherche-Herangehensweisen und Tools weiter hinten im Buch aufgelistet.

Die Suche nach Social Media Keywords unterscheidet sich hier ein wenig. Hier benötigst du für jeden Channel andere Tools. du findest sie ebenfalls im hinteren Teil des Buches.

4. Mitbewerber analysieren

Wenn du gerade einen neuen Blog startest, ist es auch interessant zu schauen, wie viel Wettbewerb es bereits zu Deinem Thema gibt. Hierbei hilft es, sich einmal die Wettbewerber anzusehen und sich ggf. sogar etwas Content-Inspiration zu holen, alleine um seinen eigenen Content besser abheben zu können und Content-Lücken zu finden.

Du kannst eine Keyword-Recherche aber natürlich auch durchführen, um schon bestehenden Content zu optimieren. Hier hilft dir gerade eine Wettbewerbsanalyse um den eigenen Content nach vorne zu boosten.

In diesem Schritt möchte ich dir kurz erklären, wie du eine Wettbewerbsanalyse für dein Online-Marketing durchführen kannst. Denn egal ob du bei 0 anfängst oder schon Content hast, bei Wettbewerbern findest du Inspiration und Hilfe für die eigene Strukturierung und Planung.

Im hinteren Abschnitt findest du die passenden Tools für eine gelungene Wettbewerbsanalyse. Nun lass uns doch aber einmal genauer anschauen, wie du diese eigentlich umsetzt:

Wenn du deinen Blog oder deine Anzeige nach vorn bringen willst, ist es natürlich interessant, was deine Wettbewerber machen. Welche Keywords, Posts oder Kampagnen verwenden sie und wie gut werden sie von Google gerankt? du kannst bei der

Mitbewerberanalyse weitere Keywords, die du bisher noch nicht entdeckt hast, finden.

In diesem Schritt suchst du also nach Synonymen und anderen Wörtern, die thematisch zu deinem Keyword passen.

Interessant ist auch, darauf zu achten, ob dein Keyword eher in Online-Shops (z.B. Amazon) oder in der Google Suche angezeigt werden. Wird dein Keyword eher in Lexika, Ratgebern oder in thematisch zusammenhängende Blogs verwendet? Diese Information gibt dir Aufschluss darüber, ob deine Nutzer bei diesem Keyword eher eine Kaufabsicht haben oder sich erst einmal nur über dein Thema informieren möchten.

Auch bei einem Social Media Post kannst du beispielsweise darauf achten, ob viele Posts mit Kooperationspartnerschaften (z.B. Affiliate-Marketing oder Influencer-Marketing) zu diesem Keyword ranken, oder eher informative Beiträge. Dies gibt dir ebenfalls Auskunft darüber, was Nutzer zu einem bestimmten Keyword erwarten bzw.

welche Suchintention sie verfolgen. Welche Informationen werden zu diesem Keyword geteilt? Welche Produkte werden mit diesem Keyword in Zusammenhang gebracht? Wer ist zu diesem Keyword meinungsführend?

Die Wettbewerbsanalyse für dein SEO

Nachdem du herausgefunden hast, welche Intention deine Zielgruppe mit der Eingabe zu bestimmten Keywords verfolgt, kannst du nun mit der Wettbewerbsanalyse beginnen. Wettbewerber sind in deinem Fall die Seiten, die ein ähnliches Themenspektrum wie du verfolgen. (d.h. ob sie die gleichen Keywords verwenden).

Für Blogs und Webseiten kannst du nun eine Wettbewerbsanalyse für Keywords und SEO-Content durchführen. Wie genau du hier die richtigen Keywords findest erfährst du in Kürze, doch lass uns zunächst mit der richtigen Auswahl der Wettbewerber beginnen.

Auswahl der Wettbewerber

Nachdem du weißt, welche Wettbewerber da draußen die gleiche Zielgruppe wie du bearbeiten, solltest du nicht panisch werden, sondern dich auf deine eigenen Stärken konzentrieren. Es hilft dir nicht weiter, unendlich viele Vergleichswerte anzusehen. Fokussiere dich auf drei bis fünf Wettbewerber-Seiten, die deinem Themen-Profil ähnlich sind – und versuche so viel wie möglich von ihnen zu lernen. Im Internet ist Wettbewerb nicht gleich Konkurrenz. Im Internet kommt es vor allem darauf an, welche Webseiten die gleichen bzw. ähnliche Themen abbilden wie deine Webseite. Das heißt du stehst *inhaltlich* mit diesen Seiten im Wettbewerb um die Top-Position bei Google. Das muss aber nicht heißen, dass diese Seiten auch Markt-Wettbewerber von dir sind. (Deine Markt-Position ist dein Geschäftsmodell. Betreibst du einen Blog, einen Online-Shop oder eine Affiliate-

Seite?) Sei dir bewusst, auch ein kleiner privater Blogger kann online besser ranken als ein großes Unternehmen. du kannst auch als kleiner Blogger eine ganze Menge Traffic auf deine Webseite ziehen.

Hast du noch keine Webseite mit Content, sondern möchtest diese gerade erst erstellen, kannst du nach einer Webseite Ausschau halten, an der du dich orientieren möchtest. Sicher kennst du dein Thema schon und weißt ungefähr in welche Richtung sich der Content bewegen soll. Nun kennst du vielleicht auch schon eine Webseite oder einen Blog, den du hier als Inspiration oder als Konkurrenz ansehen würdest. du kannst Sistrix oder SEMrush in diesem Fall so verwenden, dass du die Seite deines Konkurrenten analysierst und so seine Konkurrenten ausfindig machst. So hast du schnell eine Liste mit Wettbewerbern, die zu dem selben Thema arbeiten. du kannst diese nun als Inspiration für Deinen Content und den strategischen Aufbau Deiner Webseite verwenden.

Welche Keywords verwenden meine Wettbewerber?

Nachdem du deine Wettbewerber ausfindig gemacht hast (sie behandeln inhaltlich dieselben Themen wie du), kannst du dich nun darauf konzentrieren, auf welche Keywords diese ranken. Wenn du hier in die Tiefe gehen willst, gibt es eine Menge (kostenpflichtiger) SEO und Online Marketing Tools. Um also herauszufinden, mit welchen Keywords ich im Wettbewerb stehe, verwende ich Sistrix und SEMrush. Diese zwei Online-Marketing Tools bieten dir u.a. eine umfangreiche Hilfe für die Wettbewerbsanalyse. Du findest eine genaue Vorstellung dieser zwei Tools weiter hinten im Tool-Glossar des Buches.

Sistrix bietet als umfangreiches Online Marketing Tool unter anderem einen Bericht zu Wettbewerbern.

Hier kannst Du, falls du schon eine Domain mit Content hast, zunächst einmal deine eigene

Domain (bzw. die, für welche du Content verfassen möchtest) eingeben und dir die Ergebnisse der Analyse ansehen. Aufgrund von Keyword-Gruppen, die bei deiner eigegebenen Domain verwendet wurden, werden Wettbewerber angezeigt, die Keywords aus dem selbem Themenfeld verwenden. Das bedeutet, dir werden Webseiten angezeigt, die ähnliche Keywords, wie die, die es schon auf deiner Domain gibt, verwenden. Dies könnten inhaltliche Wettbewerber sein.

Anhand der von Sistrix angegebenen Prozente kannst du abschätzen, wie groß die Konkurrenz zwischen der eingegebenen Domain und den ausgespielten Ergebnissen, auf Basis der Keywords, ist. Je höher die Prozentzahl, desto eher ist es ein Wettbewerber, der versucht auf die selben Keywords zu ranken und deiner Domain thematisch ähnelt.

Konkurrenten mit einem hohen Wert kannst du in ein Wettbewerbsaudit aufnehmen. Dies bedeutet, dass dir das Tool Sistrix eine genaue Auflistung der Keywords, die auf der ausgewählten

Konkurrenzseite verwendet wurden, auflistet. Idealerweise prüfst du noch, ob die auserwählte Domain vom Inhalt und der Ausrichtung her nur einen speziellen Themenbereich Deiner Themen abdeckt, oder es sich um einen vollwertigen Konkurrenten handelt, der ebenfalls das gesamte Themenspektrum versucht abzudecken.

Es liegt in Deinem Ermessen, ob du Webseiten, die nur kleine Unterthemen deines Themas aufgreifen als Konkurrenz ansiehst. Ich aber würde sagen, Webseiten, die hoch auf Unterthemen spezialisiert sind, sind nur selten für eine Konkurrenzanalyse geeignet, da sie viele weitere Themengruppen deines Themas nicht aufgreifen.

Ähnliche Konkurrenzberichte wie in Sistrix, findest du auch bei SEMrush. Hier werden, als Matrix dargestellt, die Top-Wettbewerber einer (deiner) eingegebenen Domain angezeigt. Die Lage der Punkte ergibt sich aus einem Vergleich des organischen Besucher-Traffics und der Anzahl der Keywords. Heißt also, Webseiten, die viel organischen Traffic anziehen und dabei eine hohe

Übereinstimmung mit Keyword-Gruppen haben, die du auf Deiner Webseite auch verwendest, werden weit oben aufgelistet.

Unterhalb der Matrix findest du eine Liste mit Konkurrenz-Domains inklusive einer Aufschlüsselung unterschiedlicher und gemeinsamer Keywords sowie des dahinleitenden Traffics. Hieraus kannst du schnell erkennen, welche Domain sich am besten für einen Vergleich eignet, welche Domains also am ehesten auf die Keywords rankt, auf die du auch ranken möchtest.

Du kannst beide Tools verwenden, um inhaltliche Wettbewerber, die dieselben Keywords verwenden, schnell ausfindig machen.

Abgleich der eigenen Webseite mit der des Wettbewerbers

Nachdem du deine Wettbewerber identifiziert hast, kannst du ihren Content mit deinem vergleichen. Jetzt geht es also darum, herauszufinden, welche deiner Keywords und Themen, im Vergleich zur

Konkurrenz, gar nicht oder deutlich schlechter gefunden werden.

Hast du noch keinen eigenen Content und hast eine Analyse einer Webseite eines Konkurrenten durchgeführt, um das Konkurrenzumfeld des Themas zu erforschen, kannst du nun ausfindig machen, welche Keywords besonders schwer zu erobern werden, da es schon viel Konkurrenz gibt und welche wenig besetzt sind durch die Konkurrenten und somit leicht zu erobern werden.

Sichtbarkeitsindex

Wenn wir uns jetzt die Wettbewerbsanalysen zu den 3-5 ausgewählten Konkurrenten genauer ansehen (Wettbewerbsaudit), ist vor allem die Sichtbarkeit interessant. Die Sichtbarkeit zeigt an, wie repräsentativ eine Webseite aufgrund ihrer Keywords bei Google ist und wird in den meisten Tools als Sichtbarkeitsindex angezeigt. Es geht darum, auf welchem Platz wird eine Webseite aufgrund ihrer Optimierung bei Google gerankt. Für den Index spielen verschiedene Faktoren eine Rolle, wie z.B. die Anzahl rankender Keywords, Positionen, Nutzernachfragen, Kommentare, Verweildauern etc. Sistrix und SEMrush bieten zur Wettbewerbsanalyse einen solchen Sichtbarkeitsindex an.

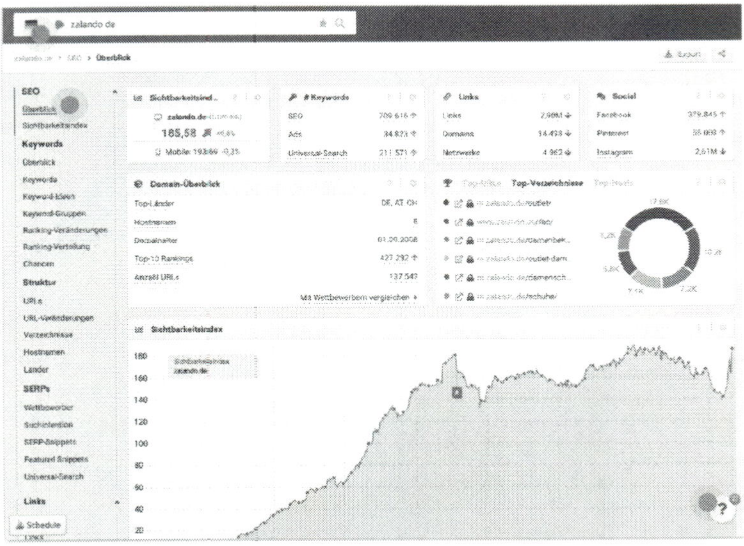

Sichtbarkeitsindex der Webseite www.zalando.de in Sistrix
Quelle: www.sistrix.de

Durch den Sichtbarkeitsindex können wir schnell sehen, wie einzelne Seiten der Domains aufgestellt sind im Vergleich zum Konkurrenten. Wir sehen also beispielsweise, dass ein Konkurrent mit einer Unterseite seiner Webseite besser rankt als ich, bei einer anderen Anfrage aber eine Unterseite meiner Domain besser gelistet wird. Wir können uns dann die Fragen stellen:

- Was für Inhalte positioniert der Wettbewerber in einem bestimmten Bereich?
- Auf welche Themen geht es ein?
- Bietet meine Webseite ebenfalls entsprechende Inhalte?

Keyword-Ranking-Abgleich

Neben der allgemeinen Sichtbarkeit (welche Platzierung hat mein Konkurrent bei Google) kannst du dir auch einzelne Keywords ansehen, zu denen dein Konkurrent besser rankt. Zum Abgleichen von Ranking-Keywords mehrerer Domains kannst du die Tools SEMrush oder ahrefs verwenden. Hier finden wir schnell raus, zu welchen Keywords unser Konkurrent besser rankt.

(Bild)

In den Tools SEMrush und ahrefs können bis zu fünf Domains gleichzeitig überprüft werden, doch der Übersicht halber ist es ratsamer, die Domains nacheinander und einzeln mit deiner Domain zu vergleichen. Hier kannst du dir nun anzeigen lassen, für welche Keywords du und dein Konkurrent rankt, für welche deine Domain gar nicht gefunden wird oder für welche deine Webseite stärker/schwächer rankt als die deines Konkurrenten.

Es ist durchaus ratsam die Analyse in mehreren Tools durchzuführen und die Ergebnisse dann miteinander abzugleichen.

Mit dem Keyword-Abgleich erhältst Du, da bin ich mir sicher, eine Fülle an weiteren Keywords, welche zur Optimierung geprüft und genutzt werden können. Auch lassen sich Potenziale für bereits rankende Keywords ausbauen und neue Keywords aufdecken.

Wenn Du, weil du noch keinen eigenen Content hast, die Wettbewerbsanalyse quasi „für einen Konkurrenten“ durchgeführt hast, hast du nun einen guten Überblick darüber, welche Inhalte es zu dem Thema schon gibt und mit welchen Inhalten du Dich von der Konkurrenz abheben könntest.

Backlink-Wettbewerbsvergleich

Um zusätzliche Themen zu identifizieren, kannst du dir auch einmal die Backlinks der Konkurrenz ansehen. Backlinks sind Verlinkungen unter Webseiten, mit denen der Nutzer auf unterschiedliche Webseiten weitergeleitet wird. Google versteht unter Backlinks Empfehlungen, weshalb diese ebenfalls als Ranking-Faktoren gezählt werden. du kannst also davon ausgehen, wenn deine Webseite von anderen qualitativen Webseiten empfohlen, sprich verlinkt wird, ist dies ein guter Ranking-faktor für dein SEO. Um qualitative Backlinks zu finden, kannst du natürlich auch einmal bei Deiner Konkurrenz schauen, wo diese ihre Backlinks herbekommen. Vielleicht sind einige der Backlink-Partner deiner Konkurrenten für dich ebenfalls interessante Partner oder du findest neue Inspirationen für deinen zukünftigen Backlink-Aufbau.

Bei einem Backlink-Wettbewerbsvergleich geht es nicht darum neue Keywords zu identifizieren, sondern eher neue Inspiration für neue Themen zu finden. Die Backlinks der Wettbewerber können verraten, welche Themen wichtig sind und welche Branchen und Themenfelder sich noch verknüpfen lassen.

Auch kannst du herausfinden, welche Bereiche bei den Wettbewerbern und der eigenen Seite besonders stark sind und welche du noch ausbauen kannst. Außerdem findest du heraus, welche Backlinks deines Konkurrenten werthaltig sind (hohe Domain Authority). So kannst du versuchen, ebenfalls die Werthaftigkeit deiner Domain (Domain Authority) aufzuwerten, indem du versuchst hier ebenfalls einen Backlink aufzubauen. Die Domain Authority ist kein fest definierter Begriff, bezeichnet aber grob eine Webseite, die zu einem bestimmten Thema als Referenz bzw. Autorität gezählt wird. Je höher eine Domain Authority also ist, desto eher führt eine Webseite als Autorität dieses Thema. Wenn eine Webseite eine sehr hohe Domain Authority aufweist und du einen Backlink („Empfehlung") von dieser Webseite gewinnst, steigt auch die Domain Authority deiner Webseite an.

Du kannst genau nachvollziehen mit welchen Inhaltsformen und Themenbereichen dein Wettbewerber über Backlinks aufgestellt ist. Um dein eigenes Backlink-Profil auszubauen, kannst du nun ähnliche Backlink-Partner, Inhalte und Formate erstellen.

Auswertung der Inhalte und Keywords

Nachdem du deine Wettbewerber identifiziert hast, herausgefunden hast wie gut diese für einzelne

Seiten ihrer Domain ranken, mit welchen Keywords diese besonders gut platziert sind und mit welchen Keywords eher weniger gut, welche Themen besetzt sind und welche noch frei, hast du dir hoffentlich interessante Keywords weiter in deine Excel Datei notiert.

Nun ist es an der Zeit die gesammelten Wettbewerber-Daten auszuwerten und konkrete Maßnahmen zu ergreifen. Im Idealfall hast du eine lange Liste mit Keywords und Themen gesammelt, die du aus den analysierten Webseiten und Tools zusammengestellt hast. Nun ist es wichtig zu gruppieren, welche Themen und Keywords für deine Webseite spannend sein können. Streiche die Themen und Keywords, die nicht zu Deiner Webseite passen. So hinterfragst du noch einmal die Ausrichtung der Keywords (deiner Content-Strategie).

Für die so entstandene Keyword-Liste solltest du nun, wie du es schon in Schritt 3 der Schritt-für-Schrittanleitung getan hast, das Suchvolumen abfragen, um herauszufinden ob hier überhaupt

Nutzerinteresse besteht. Um das Suchvolumen ausfindig zu machen, kannst du z.B. erneut den Google Keyword Planner, oder ebenfalls Sistrix oder SEMrush verwenden. Natürlich kannst du hier die Keywords aus der Wettbewerbsanalyse und der Keyword Recherche zusammenführen. Nachdem du die wichtigsten Keywords zusammengetragen hast, kannst du diese, falls schon vorhanden, mit deinem schon bestehenden Content abgleichen. Überprüfe ob du Deinen Content evtl. auf bestimmte Keywords um-optimieren möchtest, oder einzelne Keywords lediglich mit einstreuen möchtest. Um-Optimierung bedeutet natürlich, dass du Deinen Content neu bearbeiten musst und die passenden, neu recherchierten Keywords mit einbaust. Die Keywords, die du noch nicht verwendest auf Deiner Webseite, bieten neue Themen für neuen Content.

Fall du noch keinen Content hast, hast du nun eine lange Liste mit interessanten Content-Themen und Ideen für deine neue Webseite.

Bis hierhin ist der größte Teil der Wettbewerbsanalyse getan, die Arbeit aber noch nicht abgeschlossen. Für die Optimierung und Gestaltung deines Contents kannst du Dich ebenfalls von Wettbewerbern inspirieren lassen.

Wieso der Wettbewerber besser rankt

Gerade bei Themen und Keywords, die sowohl auf deiner Webseite als auch bei einem Konkurrenten aufgeführt werden, bei diesem aber besser ranken, stellt sich schnell die Frage, weshalb der Wettbewerber hier besser positioniert ist. In so einem Fall gehe direkt auf die Webseite deines Wettbewerbers und schau dir an, wie er seine Seite aufgebaut und gestaltet hat. Faktoren, die Einfluss auf das Ranking seiner Keywords haben können sind:

- Längere Texte
- Weitere Abdeckung eines Themenspektrums
- Einsatz zusätzlicher Content-Formate (Bilder, Videos etc.)

Dieser Abgleich zeigt dir, was du auf deiner Webseite (in deinem Content) optimieren kannst.

Zusammenfassend zeigt dir der Wettbewerbsvergleich auf Content-Basis viele Keywörter und Themen auf. Außerdem lernst du deine Wettbewerber kennen und bekommst ein Gespür für Inhalte und Inhaltsformate, die bei der Zielgruppe gut ankommen.

Mit den Informationen aus der Wettbewerbsanalyse kannst du deine Webseite stärken und dein Ranking ausbauen. Nimm deine Wettbewerber als Vorbilder und nicht als Konkurrenz. Bitte verstehe mich nicht falsch, du sollst sie nicht kopieren! Nutze sie nicht als blinde Vorlage, sondern nutze sie als Inspiration für deine Inhalte. Erhalte zusätzliche Ideen für die Optimierung deines Contents und zur Positionierung deines Angebots.

5. Suchvolumen filtern

Nachdem du jetzt eine hoffentlich lange Liste mit Keywords gesammelt hast, ist es an der Zeit zu schauen, welche Keywords relevant sind und sich für deine Zwecke lohnen. Dazu kannst du mit Hilfe verschiedener Tools ermitteln, wie oft dein Keyword gesucht wird. Das Suchvolum verrät Dir, wie viele Interessenten nach deinem Wort suchen und wie oft nach einzelnen Keywords gesucht wird.

Das am meisten genutzte und beliebteste Tool ist der Google-Keyword-Planner. Den Keyword Planner kannst du kostenfrei mit allen Funktionen nutzen, solange du ein aktives Google AdWords Konto führst. (Mehr dazu findest du im zweiten Teil des Buches). Falls du kein Google Ads-Konto hast, gibt es aber auch andere kostenlose Alternativen, die dir das Suchvolumen der Keywords anzeigen. Diese findest du ebenfalls weiter hinten im Buch.

Du solltest jedes Ergebnis kritisch hinterfragen. Dennoch gibt dir das Suchvolumen einen Hinweis darauf, welche Keywords oft gesucht werden und welche weniger. Die Spalte Wettbewerb bezieht sich im Keyword Planner nur auf Google Ads. Sie sagt nichts über den organischen Wettbewerb aus. Allerdings kannst du bei hohem Wettbewerb davon ausgehen, dass viele Werbeanzeigen auf dieses Keyword gestellt werden, die vor den organischen Suchtreffern auf der Ergebnisseite ausgespielt werden, womit alle organischen Ergebnisse etwas nach hinten rutschen. Dies kannst du für spätere Optimierungen durchaus im Hinterkopf behalten.

Shorttail- im Vergleich zu Longtail-Keywords

Das Suchvolumen ist nicht das einzige Kriterium, an dem du dich orientieren kannst. Grundsätzlich wird zwischen Shorttail- und Longtail-Keywords unterschieden. Shorttails (oder auch Shorthead genannt) umfassen meist nur ein oder wenige Worte und sind eher allgemein z.B. „Urlaub“, „Kontaktlinsen“ oder „Schuhe“.

Longtail-Keywords sind Keyword Kombinationen, die aus mehreren Wörtern bestehen. Diese sind in der Regel viel spezifischer, z.B. „Urlaub Norwegen Bergen Hotel“, „Biomedics tageslinsen online kaufen“ oder „weiße Schuhe mit Absatz Damen“.

Generell haben Shorttail-Keywords ein höheres Suchvolumen. Es ist aber schwieriger für diese zu ranken, da hier die Konkurrenz sehr viel größer ist. Außerdem sind sie zu unspezifisch, und es wird nicht klar, was die Nutzer ganz genau suchen.

Longtail-Keywords sind leichter zu optimieren. Zusätzlich haben sie den Vorteil, dass der Suchende sehr genau weiß nach welchen Informationen er sucht. Somit wird es viel einfacher ihm eine passende Zielseite zu präsentieren.

Eine Studie von ahrefs kam außerdem zu dem Ergebnis, dass über 60% aller Suchanfragen aus drei oder mehr Wörtern bestehen. Die wenigsten, weniger als 3%, bestehen nur aus einem einzelnen Wort.

Zusammenfassend bieten Longtail-Keywords viele Vorteile und sollten auf jeden Fall bei der Keyword Analyse berücksichtigt werden.

All dies zusammengenommen gibt eine sehr genaue Vorstellung davon, welche Themen und Inhalte dein Content abdecken muss.

6. Keyword-Gruppen erstellen

Nachdem du das Suchvolumen deiner Keywords ermittelt hast, solltest du diese thematisch clustern. Wenn du alles richtig gemacht hast, dann ist deine Excel-Tabelle jetzt gut gefüllt. Jetzt wird es Zeit, in deiner Tabelle ordentlich aufzuräumen. Suche im ersten Schritt die übergeordneten Themen und ordne ihnen deine gefundenen Keywords zu.

Wenn dir das mit der Excel Datei zu unübersichtlich ist, kannst du auch noch einmal deine Mindmap-Datei öffnen und hierin arbeiten.

Keywords vs. Themen

Vielleicht fragst du dich, weshalb du deine Keywords nun verschiedenen Themen zuordnen sollst?

Früher hat man für jedes einzelne Keyword mit entsprechendem Suchvolumen eine eigene Unterseite auf der Webseite erstellt. So kam es manchmal vor, dass zwei Unterseiten das gleiche Thema/Inhalt aber unterschiedlichen Keywörter (Synonyme oder Themenrelevante Wörter) zugeordnet wurden. In diesem Fall hatten beide Seiten die gleichen Inhalte, die aber auf unterschiedliche Keywords optimiert wurden.

Doch Google wird mit jedem Update schlauer. Heute kann die Suchmaschine semantische Zusammenhänge erkennen und weiß, welche Bedeutung deine Wörter haben. Dementsprechend kann sie auch Synonyme oder Umschreibungen eines Begriffes verstehen. Es nicht mehr notwendig, einzelne Seiten pro Keyword zu erstellen, im Gegenteil es ist sogar kontraproduktiv. Synonyme und Keyword-Varianten können im Text der Seite untergebracht werden.

Sowohl bei Sistrix als auch in einer Studie von ahrefs wird darauf hingewiesen, dass Webseiten, die bei Google auf den ersten Positionen ranken, häufig viele thematisch verwandte Keywords verwenden. du hast also gute Chancen, wenn du deine Unterseiten thematisch aufbaust und nicht nur auf einzelne Keywords ausrichtest.

Mit einer sortierten Excel sind Themencluster und Synonyme schnell gefunden. du brauchst also nicht mehr für jedes einzelne Keyword eine Unterseite zu erstellen, sondern kannst diese jeweils auf einer Unterseite zusammenfassen (clustern).

Dir gefällt meine Arbeit und du möchtest mehr von meinen Büchern lesen?

Dann melde Dich hier zu meiner Leser VIP Liste an und erhalte mein neustes Buch GRATIS.

7. Suchintention berücksichtigen

Nachdem du die Keywords gruppiert hast, sind diese thematisch geordnet. Jetzt fehlt dir noch die Suchintention deiner Leser. du musst dich also fragen, was genau deine Leser wissen wollen und weshalb sie auf deine Webseite kommen. Einfach nur einen Text zu schreiben in dem du deine Keywords platzierst reicht nicht aus. du musst deine Inhalte so aufbereiten, dass sie genau auf die Fragen antworten, die deiner Besucher in die Suchmaske bei Google eingeben. Das ist wirklich wichtig, wenn du deine Seite richtig optimieren möchtest.

Es gibt unterschiedliche Intentionen von Keywords. du kannst dich also fragen, weshalb die Kunden nach Keywords suchen. Grob gesagt gibt es drei unterschiedliche Intentionen.

- **Navigationsbezogene** Keywords: Der Nutzer weiß genau auf welche Unterseite er gelangen möchte, kennt aber die genaue URL nicht. Z.B. „Sixt Autoverleih Filiale

Berlin“ (Der Nutzer möchte auf die Kategorie-Seite für Berliner Filialen des Autoverleihers Sixt).

- **Transaktionsbezogene** Keywords: Hier möchte ein User eine Transaktion durchführen. Zum Beispiel möchte er etwas kaufen, reservieren oder buchen. Beispiele für solche Keyword Kombinationen sind „Flug Madeira buchen“, „Hotel Adlon Zimmer reservieren“. Aber auch die Suche nach bestimmten Produkten kann eine Kaufabsicht beinhalten, z.B. „Obi Gartenliege“ oder „Prada Kamelhaar Mantel“.

- **Informationsbezogene** Keywords: Hier sucht der Nutzer nach Informationen, die ihm helfen, ein konkretes Problem zu lösen. Dabei kann es sich aber auch um eine Wissensrecherche handeln. Mögliche Anfragen wären z.B. „Einwohner Madeira“, „Gartenliege Test“ oder „Loch in der Wand reparieren“.

Jedes Keyword lässt sich einer Suchintention zuordnen. Natürlich können einige Keywords auch mehreren Suchintentionen entsprechen. Wenn du dir mal nicht sicher bist, welches Keyword am besten passt, kannst du das Keyword einfach bei Google in die Suche eingeben und recherchieren, wie Google das Keyword einstuft. Bekommst du als Ergebnis hauptsächlich Online Shops angezeigt, handelt es sich sehr wahrscheinlich um ein transaktionales Keyword. Stößt du hauptsächlich auf Blogartikel, die das Thema behandeln, kannst du das Keyword wohl eher der Informationssuche zuordnen.

Um meine Keywords der Intention nach zu sortieren, arbeite ich mit Farben in meiner Excel Tabelle.

Mit diesem Wissen kannst Du, je nachdem was du mit Deiner Webseite erreichen möchtest, bestimmte Keywords auch wieder streichen.

In einem Online-Shop habe ich beispielsweise eher die Intention etwas zu verkaufen, weshalb ich mich auf jene Keywords mit Kaufabsicht konzentrieren kann. So hole ich direkt die Nutzer ab, die wissen, welches Produkt sie kaufen möchten.

Auf einem Blog gebe ich eher Informationen zu einem Thema, weshalb ich hier auf Keywords mit transaktionaler Absicht eher verzichten kann.

Allerdings gibt es auch Keywords, die dem Schein nach zwar einen informationsbezogenen Hintergrund haben, bei denen es sich aber auch schon zeigt, dass die Nutzer dieses Produkt danach auch gerne kaufen möchten. Hierzu zählen beispielsweise „Canon 5D Mark Erfahrung", „Sixt Autovermietung Test", „Huawei P30 Pro Produkttest" oder „Commerzbank Girokonto Nachteile". Der Nutzer möchte erst einmal Informationen zu einem bestimmten Produkt und entscheidet dann, ob er es auch kaufen möchte. Diese Suchanfragen eignen sich für Blogs oder Ratgeber, wie auch für Affiliate-Marketing.

8. Wann lohnt sich eine Adwords-Kampagne?

In diesem kurzen Abschnitt möchte ich über die Frage sprechen, ab wann sich eine Google Adwords Kampagne für ein Keyword lohnt.

Zunächst einmal musst du entscheiden, was du mit einer Adwords Kampagne erreichen möchtest. Beabsichtigst du in einem Online-Shop mehr zu verkaufen? Dann sind besonders die transaktionalen Keywords interessant. Oder möchtest du mehr Traffic auf deine Seite lenken? Welche Informationen bietest du auf dieser Seite an? Dann benötigst du mehr informelle Keywords.

Nun hast du eine recherchierte Liste mit Keywords, Suchvolumen und CPCs zu den einzelnen Keywords. Mit einem Blick auf dein Budget kannst du nun ausrechnen, ab wann sich eine Google Adwords Kampagne für dich lohnen wird.

Ich gebe dir ein Beispiel für so eine Berechnung:

Eine Tierfotografin aus Leipzig möchte lokal neue Kunden für ihre Tierfotoshootings gewinnen. Da sie ausschließlich regional arbeitet, ist der Raum Leipzig für sie interessant. Ihre Keyword-Recherche hat ergeben, dass das Keyword „Tier Fotoshooting“ für sie Erfolg verspricht, weil es ein hohes Suchvolumen aufweist und im Vergleich zu den anderen Keywords dieser Nische mit 0,91€ relativ günstig ist.

Die Fotografin hat ein Budget von 300€, das sie für die Adwords-Kampagne ausgeben kann. Ein gebuchtes Fotoshooting bei ihr bringt ihr ungefähr 100 € Gewinn.

Nimmt sie die 300€ und teilt diese durch die 0,91€, die das Keyword kostet, bekommt sie die maximale Summe der Klicks, die sie bei diesem Budget erreichen kann. 300 €: 0,91€ = ca. 330 Klicks, die sie hier erzielen kann.

Bei einem Budget von 300 € und einem Gewinn von 100 € pro verkauftem Shooting weiß sie, dass sie mindestens 3 Shootings verkaufen muss, um das Ausgegebene Budget zu refinanzieren. Damit sich die Kampagne für die Fotografin aber lohnt, ist es klar, dass sie mehr als 3 Shootings verkaufen muss, um einen Gewinn aus der Kampagne zu ziehen.

Als letzte Zahl fehlt ihr die Conversion-Rate. Sie muss feststellen, wie viele Nutzer, die ihre Anzeige sehen, auch tatsächlich ein Fotoshooting bei ihr kaufen. Natürlich kann diese nicht pauschal genannt werden, sondern wird im Laufe einer Kampagne ermittelt. Wurden bereits mehrere Adwords-Kampagnen gestartet kann sie auf bisherige Daten zurückgreifen.

In unserem Beispiel hat die Fotografin aber noch keine vorherige Kampagne gestartet und kann somit auf keine bestehenden Daten zurückgreifen. Die Fotografin steht dem ganzen eher skeptisch gegenüber und rechnet daher mit einer niedrigen Conversion-Rate von 2%. Dies bedeutet, dass 2% der Nutzer, die auf die Werbeanzeige klicken (es waren 330 Klicks maximal), auch tatsächlich ein Fotoshooting buchen.

2% von 330 Klicks sind aufgerundet 6,6 Verkäufe, die eine solche Conversion Rate erzielen würden.

Somit würde die Fotografin bei dieser Kampagne mit einer Conversion-Rate von 2% mindestens 6 Fotoshootings à 100 € Gewinn verkaufen. Abzüglich der 300 € ausgegebenem Werbebudget hätte die Fotografin hier einen Gewinn von mindestens 300€ gemacht.

Eine Conversion-Rate von 1% würde ihr 3,3 verkaufte Fotoshootings bringen, womit sie gerade einmal das Budget der Kampagne wieder eingefahren hätte.

Dies bedeutet für die Fotografin, dass eine Kampagne, die ihr weniger als 3 Verkäufe einbringt, für sie ein Minusgeschäft darstellt und sich nicht lohnt.

In einem Fall, bei dem die Conversion-Rate nicht hoch genug ist, muss sie dafür sorgen, ihre Rate zu verbessern. Hierfür sollte sie noch einmal zu ihrer Keyword-Recherche zurück gehen und darüber nachdenken, ob sie tatsächlich die richtigen Zielpersonen mit den richtigen Keywords anspricht. (natürlich könnte sie auch ihre Anzeige oder ihre

Landingpage überarbeiten. Aber das führt hier zu weit von dem Thema Keyword-Recherche weg).

Ich hoffe, du hast an diesem Beispiel nachvollziehen können, dass sich eine Adwords-Kampagne immer dann lohnt, wenn mindestens der Amortisationspunkt wieder eingespielt wird. Im Idealfall übersteigt er diesen natürlich.

Für alle, denen das Prozentrechnen im Kopf etwas schwerfällt, empfehle ich, die Rechnung einfach online mit einem Prozentrechner zu machen.

TEIL 2

Die richtigen Tools für die Keyword-Analyse

Wenn du deine Inhalte nicht als Blog veröffentlichst, sondern als Video, Podcast, Facebook- oder Instagram-Post, gibt es noch viel mehr Tools, deine Beiträge zu optimieren. In diesem Abschnitt möchte ich dir eine Art Glossar zu den wichtigsten Tools für verschiedene Plattformen mit an die Hand geben. Lass uns alle Tools Schritt-für-Schritt durchgehen und ich zeige dir die wichtigsten Funktionen.

Der Google Keyword-Planner

Der Google Keyword Planner ist ein gratis Tool von Google Adwords, das dir dabei hilft das Potenzial deiner Keywords einzuschätzen. Mit dem Keyword Planner kannst du Google Adwords Kampagnen optimieren. Er hilft dir aber auch, deinen Content für Suchmaschinen zu optimieren. Der Google-

Keyword-Planner liefert dir Daten zum Wettbewerb und zum Suchvolumen deiner Keywords.

Voraussetzung für die Nutzung des Google Keyword Planners

Seit 2018 kannst du den Google Keyword Planner nur noch verwenden, du dein aktives Adwords-Konto eröffnest. Dies bedeutet, dass du zunächst eine Anzeige schalten musst, bevor du den Planner nutzen kannst. Willst du keine Kampagnen schalten, kannst du auf Alternativen zurückgreifen. Mehr Informationen findest du hierzu im nächsten Kapitel.

Geschummelt etwas die Voraussetzungen des Keyword Planners umgehen

Es gibt jedoch einen kleinen Trick, wie du die aktive Anzeigenschaltung beim Google Keyword Planner umgehen kannst. Der Trick bewegt sich in einer Grauzone und ist von Google wahrscheinlich so nicht vorgesehen. Ich überlasse es dir selbst, ob du mit diesem Trick arbeiten möchtest, oder doch lieber auf eine der Alternativen zum Keyword Planner zurückgreifst.

Das Erstellen eines Google Adwords Konto ist kostenfrei und dauert nur ein paar Minuten. du brauchst aber, um das Konto zu aktivieren, eine Kreditkarte. du musst sie in der Dateneingabe hinterlegen. Sie wird aber erst belastet, wenn du tatsächlich eine Anzeige schaltest. Hast du deine Kreditkarte eingegeben, kannst du eine Werbekampagne erstellen. Dazu gehst du genau den Weg, den Google dir vorgibt. Das heißt, du kannst die Wirksamkeit deiner Keywords testen und festlegen. Dann gib ein Startdatum für deine Kampagne ein, und beende die Kampagne sofort wieder. Soweit so gut, du hast eine kostenpflichtige Werbeanzeige erstellt, die auch direkt gestartet ist. du kannst diese Kampagne ein paar Sekunden nach dem Start pausieren. In diesem Fall ist die Werbekampagne zwar aktiv ist, wird ausgeführt, bis du diese wieder aktivierst.

Mit diesem Trick hast du ein aktives Google Adwords Konto, auf dem eine pausierte Kampagne läuft. Da sie pausiert kostet sie dich aber keinen Cent solange sie pausiert bleibt. Dieses Vorgehen gibt dir einen kostenfreien Zugriff auf den Keyword Planner in deinem nun aktiven Google Adwords Konto.

Funktionen des Google Keyword Planners

Ist das Tool aufgerufen, bietet dir das Tool auf der Startseite zwei Funktionen. du kannst nach neuen Keyword-Ideen suchen oder das Suchvolumen und Prognosen von Keywords abrufen. Am Anfang einer Keywords-Recherche macht es Sinn, das jeweilige Themengebiet mit Hilfe der „Neue Keywords ermitteln“ Funktion zu erkunden. Hast du bereits eine Liste von Keywords und benötigst für deine Recherche konkrete Suchvolumina, nutze die „Suchvolumen und Prognosen abrufen“ Funktion.

Für die erste Funktion werden die Ergebnisse zunächst als Diagramm sowie als Auflistung weiterer Keyword-Ideen in einer Tabelle angezeigt. Die Tabelle enthält das Suchvolumen, den Wettbewerb und weitere Werte, die für eine SEO-Keyword-Recherche aber erst einmal nicht weiter interessant sind. Die Ergebnisse lassen sich nun auf unterschiedliche Zielregionen, Sprachen und Suchnetzwerke spezifizieren und filtern. So kannst du nach Keywords für eine einzelne Region recherchieren. Dies ist vor allem für eine lokale SEO-Analyse hilfreich.

Es gibt noch mehr Filter, mit denen du deine Keywords eingrenzen kannst. du kannst beispielsweise den Keyword-Text näher bestimmen und Begriffe ausschließen. Auch kannst du dir nur Keywords mit einem Mindestsuchvolumen anzeigen lassen.

Ferner kannst du Keywords bestimmten Anzeigen-Gruppen zuordnen und sie so nach Kategorien sortieren bzw. schon während der Recherche clustern. du kannst beliebig viele Anzeigengruppen, also Kategorien, erstellen.

Hast du alle Keywords unterschiedlichen Anzeigegruppen zugeordnet, kannst du sie am Ende als CSV Datei exportieren.

In den Dateien wirst du auch Informationen finden, die für eine SEO-analyse nicht relevant sind.

Du solltest nun die Keywords in der Tabelle nehmen und diese alphabetisch sortieren. Jetzt kannst du anfangen, die Keywords in deine eigene Keyword-Recherche-Excel-Datei einfügen. Natürlich kannst du hier auch direkt nach Themenfeldern clustern.

Am Ende hast du eine Datei, die deine Keywords inklusive der zugehörigen Gruppen, dem durchschnittlichen, monatlichen Suchvolumen, dem Wettbewerb sowie den Suchvolumina enthält. Alle anderen Werte kannst du guten Gewissens aus der Tabelle entfernen.

Was du unbedingt beachten solltest, wenn du mit Suchvolumen aus dem Keyword Planner arbeitest:

- Der Keyword Planner fasst Keywords in unterschiedlichen Schreibweisen, ihrer

Deklination, Plural und Singular nach, in einem Cluster zusammen.

- So werden die Keyword Daten etwas ungenau und können keinen Unterschied für unterschiedliche Schreibweisen eines Keywords erkennen. Welche Schreibweise dabei am häufigsten genutzt wird, verrät dir das Tool leider nicht.
- Bedenke aber, dass es eh sinnvoller ist auf Themengebiete zu optimieren, anstatt auf einzelne Keywords.

Alternativen zum Keyword-Planner

SEO Tools und Keyword Datenbanken bieten Alternativen zum Google Keyword-Planner. Es gibt viele und unterschiedliche SEO Tools mit unterschiedlichen Leistungen auf dem Markt. Ich werde dir hier die gängigsten Tools vorstellen.

Kostenlose Keyword-Planner-Alternativen

Auf dem Markt gibt es einige kostenlose Keyword-Recherche-Tools, die dir helfen das Suchvolumen von Keywörtern zu ermitteln. Wenn du diese Tools benutzt, achte darauf, woher diese Tools ihre Daten beziehen, bleibe kritisch. Zum Beispiel entsprechen die Daten nicht immer genau denen aus dem Google Keyword Planner. Ich empfehle dir diese sieben kostenfreien Alternativen für die Keyword Recherche:

- Keyword Karma Tool ist ein simples Tool zur Abfrage von Suchvolumina. du kannst ein Keyword eingeben und erhältst das Suchvolumen, CPC und Wettbewerbsdaten. Hierfür brauchst du dich nicht zu registrieren oder sonstige Daten preisgeben. Nachteil ist, dass jedes Keyword einzeln eingegeben werden muss und es keine Möglichkeit gibt, die Daten zu exportieren.

- Ubersuggest ist ein Keyword-Recherche Tool, das sehr viele Möglichkeiten bietet. Keyword-

Recherchen werden durch das Suchvolumen und den CPC ergänzt. Weiter erhältst du eine Einschätzung zur SEO Difficulty und der Paid Difficulty, wobei die Difficulty angibt, wie hoch die Konkurrenz im jeweiligen Bereich ist. Auch nach Eingabe des Keywords werden weitere Keyword Ideen eingeblendet, ebenfalls mit Informationen zu den Suchvolumen, dem CPC und der Einschätzung der Difficulties.

Ubersuggest bietet dir kostenfrei nahezu denselben Umfang wie der Keyword Planner. Die Ergebnisse lassen sich exportieren. Der einzige Nachteil besteht darin, dass keine eigene Keyword -Liste hochgeladen werden kann, um z.B. das Suchvolumen mehrerer Keywords gleichzeitig abzufragen.

- Keyword-Tools.org ist ein Tool mit dem sich ein ähnliches Suchvolumen, wie mit dem Keyword Planner abfragen lässt. Nach Eingabe des Keywords werden auch Suchvolumen und weitere Keyword-Ideen angezeigt. Achtung, die Ergebnisse entsprechen nicht immer denen des

Google Keyword Planners. Nachteil ist, dass die Anfragen nur für Deutschland verfügbar sind. Leider kann die Keyword-Liste auch nicht exportiert werden. Außerdem sind die Abfragen auf eine bestimmte Anzahl pro Tag begrenzt.

- Das Tool TermExplorer verfügt als einziges kostenfreies Tool über die Bulk-Export Funktion. Nach Registrierung zeigt auch dieses Tool Suchvolumen und weitere Daten an. Die Daten können anschließend in einer CSV Datei exportiert werden.
- Der Moz Keyword Explorer ist eigentlich kostenpflichtig, lässt sich aber eingeschränkt auch kostenfrei nutzen, sobald du Dich bei Moz registrierst. Die Keyword Recherche ist aber auf 10 Keywords pro Monat beschränkt und da keine Uploads eigener Listen in der freien Version möglich sind, ist dieses Tool relativ wenig geeignet für eine Keyword-Recherche.
- Über die Searchmetrics ResearchCloud kannst du ebenfalls (nach deiner Registrierung)

kostenfrei, Keywords recherchieren. Doch ist auch hier der Bereich in der kostenfreien Version eingeschränkt. Zwar lassen sich unbegrenzt Keyword-Abfragen stellen, doch immer nur für einzelne Keywords. Für eine umfangreiche Recherche kann dies unpraktisch sein. Außerdem weichen die Daten des monatlichen Suchvolumens von den Daten des Google Keyword Planners ab. Es werden auch nur drei weitere Keywords-Ideen (inkl. Suchvolumen und CPC) bei einer Anfrage vorgestellt. Für kleinere Recherchen mag dies ausreichend sein, für eine umfangreiche Recherche ist dies aber ein wenig zu knapp.

- Der Bing Keyword-Planer ist ein Tool für die Bing- Suchmaschine, die von Microsoft betrieben wird. Zur Schaltung von Ads musst du dich deshalb mit einem Microsoft Konto anmelden. Zu finden ist der Bing Keyword Planner und „Tools“. Das Tool ist in der Bedienung dem Google Keyword Planner sehr ähnlich, allerdings basieren die Daten auf indexbasierten Suchvorgängen. Aktuell liegt der Marktanteil der Suchmaschine Bing in Deutschland bei unter 5%, weshalb die hier abgebildeten Daten (vor allem zum Suchvolumen) nicht wirkliche repräsentativ sind. Dennoch ist das Tool interessant, um Einblicke in das Nutzerinteresse für verschiedene Begriffe, Trends und Tendenzen zu erhalten.

- Keywordfinder.io ist ein gutes Tool, um Keywords zu recherchieren und Suchvolumen abzugleichen. Das Tool ist sehr intuitiv zu nutzen und leicht zu verstehen. Vollumfänglich leider aber nur in der bezahlten Vollversion nutzbar.

Kostenpflichtige Tools

- Der KWFinder wird von vielen für die beste Alternative zum Google Keyword Planner gehalten. Das Tool ist leider nicht mehr kostenfrei, kann aber in einer Demo Version zehn Tage lang kostenfrei getestet werden.

danach kostet es in der kleinsten Version knapp 30€ pr o Monat. Das Tool zeigt die Suchvolumen bis zu 4 Jahren in die Vergangenheit an, wodurch sich Trends erkennen lassen. Außerdem bietet das Tool eine Metrik, die den SEO-Wettbewerb auf bestimmte Keywords angibt, womit eingeschätzt werden kann, wie schwierig es sein wird, mit dem gewünschten Keyword gut zu platzieren. Auch hilfreich ist die Funktion „Questions“, womit häufig gestellte Fragen der User rund um das gesuchte Keyword angezeigt werden.

- Der Keyword Explorer von ahrefs kann neben einzelnen Abfragen (auch für YouTube, Amazon, Bing und andere Suchmaschinen) auch Bulk-Abfragen bedienen. Dazu können mit dem Keyword Explorer zusammenhängende Fragen recherchiert werden. Das Tool sortiert bei einer Bulk-Abfrage die Keywords direkt in Oberthemen, was das Clustern deutlich erleichtert. Auch lassen sich die Daten im Anschluss bequem exportieren. Der Nachteil dieses Tools liegt im Preis. Die günstigste Version beginnt bei 99$ im Monat.

- Sistrix ist ein tolles Tool, um Keywords zu recherchieren, wie auch um einen Konkurrenzanalyse durchzuführen. Leider ist Sistrix in der freien Version nur eingeschränkt zu nutzen, genügt aber, um sich einmal an das Thema Keyword-Recherche heranzutasten.
- Auch das Tool SearchMetrics ist (ähnlich wie SEMrush) sehr umfangreich. Man kann sehr gute Konkurrenz-Analysen durchführen. SearchMetrics ist gegen Eingabe einer E-Mail-Adresse in einer Demo-Version nutzbar.
- Die Keyword Tools von SEMrush bieten. gleich mehrere Keyword Tools, alle unter einem Dach. Auch hier kannst du umfangreiche Konkurrenz-Analysen durchführen. Im Keyword Magic Tool können praktischerweise ganze Themenbereiche rausgefiltert werden, was eine Recherche sehr bequem macht. Auch die

Filterung nach W-Fragen ist praktisch. SEMrush ist in einer Demo Version kostenfrei nutzbar, Im vollen Umfangreich aber nur in der kostenpflichtigen Version. Die günstige Variante von SEMrush liegt bei 99,95$ pro Monat, worin aber mehrere Tools im Bereich SEO, Advertising, Social Media und Content Marketing enthalten sind. Wer ausschließlich ein Keyword Tool sucht, für den ist der Preis hier doch hoch angesetzt, wer aber an einem umfangreichen SEO-Tool interessiert ist, der sollte sich SEMrush einmal genauer ansehen.

Die meisten Keyword-Recherche Tools stehen den Nutzern in einer Demo Version zur Verfügung. Um die Tools aber vollumfänglich zu nutzen, ist ein Mitgliedsbeitrag fällig.

Insgesamt ist es auffällig schwierig, eine gute Alternative zum Google Keyword Planner zu finden. Solltest du es unbedingt auf dem kostenlosen Weg versuchen, stellt **Ubersuggest** aktuell mit Abstand die beste Alternative dar. Das Tool liefert verlässliche Daten und bietet ein bequemes

Arbeiten. Die anderen Tools bieten häufig nur begrenzte Abfragen oder eingeschränkte Ergebnis-Anzeigen. Der **TeamExplorer** bietet immerhin noch die Möglichkeit, Suchvolumen für gesamte Keyword-Listen abzufragen.

Wenn du bereit bist etwas Geld zu investieren ist der **Keyword Finder** ein wirklich gutes Tool, das den Funktionen des Google Keyword Planners nahekommt und dabei einen fairen Preis bietet.

Hast du ein größeres Budget und möchtest dein Online Marketing Tool erweitern, sind sowohl **SEMrush** als auch **ahrefs** gute Alternativen zum Google Keyword Planner. Beide Tools bieten über sinnvolle Keyword Tools weitere nützliche Funktionen an.

Browser Add-Ons

Einige Keyword-Recherche Tools kannst du auch als Browser-Erweiterungen installieren. Wenn du dich auf die Suche machst, wirst du einiges an Browser-Erweiterungen für SEO-Analysen finden.

Diese kannst du ebenfalls für eine Keyword Recherche verwenden kannst.

So bieten sowohl SEMrush als auch ahrefs für den Chrome Browser Erweiterungen an, die direkt eine SEO-Analyse auf der Ergebnisseite zu einem Keyword in der Google Suche anzeigen.

Auch die Googlechrome Browser-Erweiterung *SEOquake* stellt direkt auf der SERP Ergebnisse zu den einzelnen Webseiten, wie z.B. Age, Rank, Bounce Rate, Bing Suchen etc., bereit.

Aus diesen Ergebnissen können zwar nicht direkt Keywords herausgelesen werden, doch helfen sie dir herauszufinden, welche Seiten häufig besucht werden und wie lange die Verweildauern der Nutzer sind.

Ähnliche Erweiterungen wirst du auch für die Browser Safari, Firefox und Internet Explorer finden.

Keyword-Analyse mit Google Analytics

Falls du bereits eine aktive und funktionierende Webseite hast, kannst du eine Keyword-Analyse durchführen, mit der du herausfinden kannst, über welche Keywords die Besucher auf deine Webseite gelangen.

Wichtig hierfür ist, dass du einen Google Search-Console-Account besitzt, den du mit Google Analytics verknüpfst. Natürlich muss auch deine Webseite über das Tracking Pixel mit Deinem Google Analytics Konto verbunden sein.

Trifft dies alles zu, kannst du die verwendeten Keywords ganz einfach unter „Akquisition > Search Console> Suchanfragen“ finden.

Keyword-Analyse mit Google Trends

Google Trends ist ein weiteres Tool, das dir bei deiner Recherche für Keywords helfen kann. Hier kannst du dir anzeigen lassen, wie sich das Suchinteresse des gewählten Keywords in den letzten Jahren und Monaten verändert hat. Außerdem kannst du auch unterschiedliche Schreibweisen und Synonyme gegeneinander laufen lassen. dir werden weiter auch verwandte Suchanfragen angezeigt. Besonders für saisonale Themen (z.B. Gartenmöbel, Swimming-Pools, Weihnachtsbäume oder Urlaub) ist dieses Tool sehr interessant.

Wichtig ist, dass du die Ergebnisse hier richtig interpretierst. Überlege bei sichtbaren Piks, wieso hier wohl eine erhöhte Nachfrage besteht (z.B. Halloween, Fußball-WM, Ferienbeginn, Nachrichten-Skandal etc.).

Keyword-Analyse mit der Google Search Console

Du kannst die Rankings Deiner Wahl auch in der Google Search Console überprüfen. du wirst außerdem herausfinden können, zu welchem Keyword deine Nutzer auf welcher Unterseite gelandet sind.

Mit der Search Console findest du vielleicht sogar noch Keywords, die du auf Deiner Webseite noch mehr optimieren kannst und die deshalb in Deiner Keyword-Liste nicht fehlen sollten.

Keyword-Analyse mit der Google-Suche

Um festzustellen, welche Begriffe zu Deinem Thema tatsächlich gesucht werden, kannst du auch Google-Suggest verwenden. Hierbei handelt es sich um die Autocomplete-Funktion der Google Suche. Sobald du einen Suchbegriff in die Suchleiste eingibst, schlägt Google dir weitere Kombinationen zu diesem Suchbegriff vor, die auf bereits getätigten Suchanfragen basieren.

Google Suggest

Notiere dir die Suchbegriffe, die zu deinem Thema angezeigt werden. Außerdem schlägt dir Google unterhalb der Suchergebnisse ähnliche Suchanfragen zu Deinem Keyword vor, die du dir ebenfalls notieren kannst.

Ähnliche Suchanfragen

Darüber hinaus werden inzwischen auch die People-also-ask-Boxen (PAA-Boxen) in den Suchergebnissen angezeigt. Diese zeigen Dir, welche konkreten Fragestellungen rund zu Deinem Thema häufig gestellt werden. Auch diese solltest du dir notieren. Diese Boxen geben dir Aufschluss darüber, mit welcher Absicht die Nutzer eines der Keywords suchen und welche Suchintention dahintersteckt.

PAA (People-Also-Ask)-Boxen

Mit dieser Methode erhältst du nicht nur Einblick in das Umfeld deines Themas, sondern auch in die Inhalte, die die Nutzer erwarten. Achtung: Nicht jeder Vorschlag, den Google macht, macht in deinem Kontext Sinn. Arbeite konzentriert und hinterfrage auch kritisch, welche Keywords du verwenden kannst und welche nicht relevant für dich sind.

Beispielsweise tauchen oft Kombinationen mit Läden oder Markennamen auf. Sofern du nicht für oder mit diesen Unternehmen arbeitest, sind diese Keywords für dich zunächst einmal irrelevant.

In die Tiefe kannst du noch gehen, wenn du nicht einfach nur das Hauptkeyword, sondern auch die vorgeschlagenen Kombinationen selber in die Suchleiste eingibst.

Google Suggest bei Long-Tail Keywords

Auf diese Weise findest du schon sehr spezifische Suchanfragen und kannst nachvollziehen, welche Fragen sich deine Nutzer stellen.

Je nachdem wie umfangreich ein Thema ist, kann hier schnell mal eben ein ganzer Haufen Keywords zusammenkommen.

Keyword-Analyse mit Suggest-Tools

Da die manuelle Recherche über die Google Suche doch etwas langwierig werden kann, können alternativ auch andere Suggest Tools verwendet werden, die dir die verwandten Suchergebnisse aus der Google Suche gebündelt anzeigen, sobald du einen Suchbegriff eingegeben hast. So geht es natürlich viel schneller. Allerdings muss dir bewusst sein, dass hier auch oft Keyword Kombinationen dabei sein können, die nicht wirklich Sinn ergeben. Da musst du selber einmal genauer drüber schauen und unpassende Ergebnisse rausstreichen.

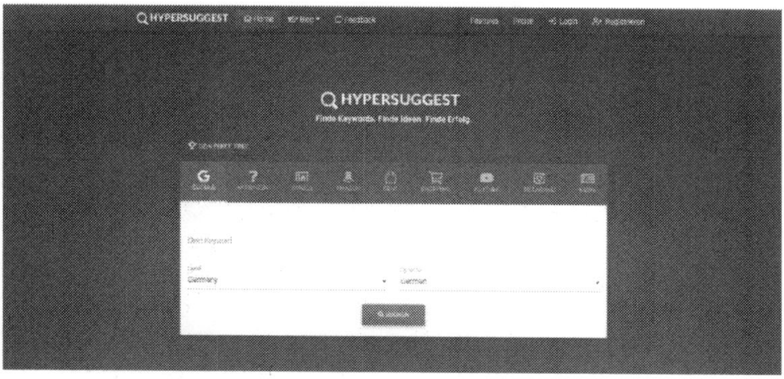

Das Tool Hypersuggest

Das Tool HyperSuggest funktioniert nicht nur für die Google Suche, sondern auch für andere Suchsysteme, wie z.B. YouTube, Amazon, Instagram und Google Shopping. Außerdem kannst du Land und Sprache auswählen, wofür du verwandte Suchanfragen angezeigt haben möchtest.

In der kostenfreien Version werden dir leider nur die ersten 10 Suchbegriffe angezeigt. In der kostenpflichtigen Version erhältst du alle Keyword-Kombinationen.

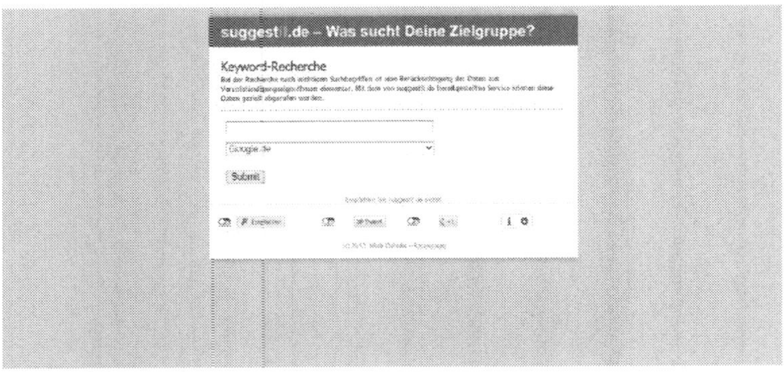

Das Tool Suggestit

Ein weiteres empfehlenswertes Tool ist suggestit, womit du ebenfalls andere Suchmaschinen z.B.

wer-liefert-was.de, *welt.de* oder *otto.de* durchsuchen kannst.

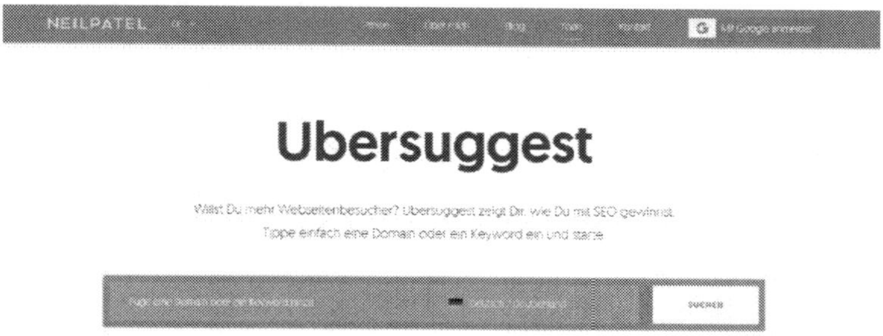

Das Tool Ubersuggest

Bei Ubersuggest erhältst du deutlich mehr Keywords, ohne zu bezahlen, sowie direkt das Suchvolumen und den CPC der einzelnen Keywords.

Analyse der Termgewichtung – Das WDF*IDF-Tool

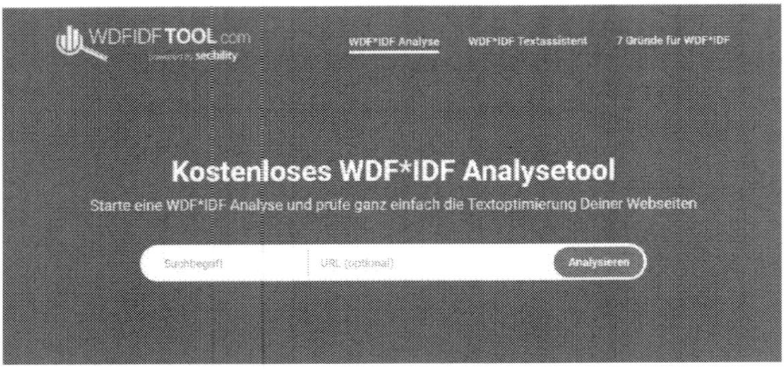

*Das WDF*IDF Tool*

Das WDF*IDF-Tool dient nicht direkt der Keyword-Recherche, sondern eher der Analyse eines Textes mit Blick auf die zahlmäßige Anzahl des Vorkommens einzelner Keywords.

Du musst wissen, dass der Algorithmus von Google nicht nur semantische Zusammenhänge, sondern auch holistische Zusammenhänge für sein Ranking als Bewertungsfaktor benutzt. Holistische Zusammenhänge bedeutet, dass der Algorithmus ganz genau darauf achtet, welche anderen Keywörter in Kombination mit deinem gewählten Keyword wie oft auftreten. Aus dieser Kombination errechnet der Algorithmus einen WDF*IDF-Score, der das Ranking deiner Webseite/ deines Textes beeinflusst.

Das WDF*IDF-Tool verrät dir, wie oft welche Neben-Keywords in einem Text mit deinem Keyword genannt werden sollten.

Natürlich kannst du dieses Tool nicht nur für deine eigenen Inhalte verwenden, sondern auch die Inhalte deiner Wettbewerber überprüfen und deine Inhalte gegebenenfalls daran anpassen.

Mit W-Fragen-Tools die Top-Keywords definieren

W-Frage Tools gibt es viele. Wenn du diesen Begriff einmal bei Google in die Suche eingibst, wirst du viele unterschiedliche Tools finden. Sie dienen dazu, dass du herausfinden kannst, welche Fragen Nutzer zu deinem Keyword oder Thema in die Suchmaschine eingeben.

Diese Tools sind sehr hilfreich für Content-Marketing und die damit wichtige Content Planung. Aber auch für die Keyword Recherche können sie nützlich sein und dir Inspiration für weiterführende Recherchen bieten.

Du wirst schnell erkennen, welche Art von Keywords für welche Suchintention verwendet werden.

Letztlich ist das Tool AnswerThePublic wohl das bekannteste W-Fragen Tool. du findest eine genauere Beschreibung dieses Tools im nächsten Kapitel.

Keyword-Analyse mit AnswerThePublic

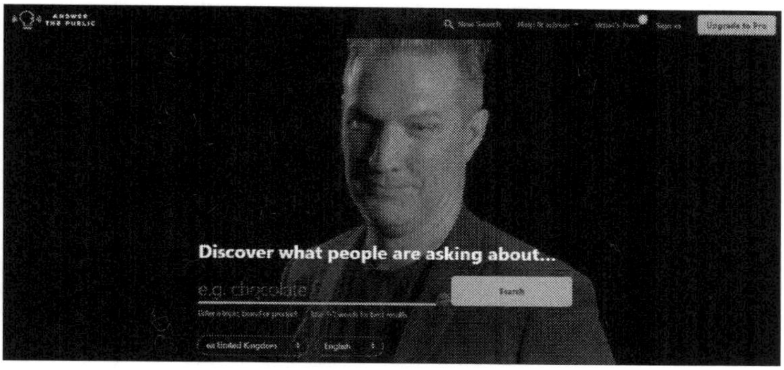

AnswerThePublic

Das Tool AnswerThePublic findet Fragen, Präpositionen, Vergleiche, alphabetische Listen und verwandte Suchen für Dich.

Hiermit kannst du schnell herausfinden, welche Suchanfragen deine Nutzer in die Suchmaschine zu deinem Keyword eingeben. Dieses Tool ist sehr praktisch, wenn es darum geht am Anfang einer Keyword Recherche Longtail-Keywords ausfindig zu machen.

Allein aus Design Aspekten solltest du dir dieses Tool einmal ansehen, da es für ein W-Frage Tool eher außergewöhnlich designt ist.

AnswerThePublic Suchergebnisse für das Keyword "Katze"

Konkurrenz-Keywords mit SimilarWeb und SEMRush analysieren

Unter dem Schritt 4. Der Schritt-für-Schritt Keyword-Recherche, „Mitbewerber analysieren“, zeige ich dir, wie du Konkurrenz Keywords ausfindig machst und diese für die eigene Optimierung deines Contents oder aber als Inspiration für neue Themenbereich nutzen kannst.

Hier möchte ich dir zwei Tools präsentieren, die du für eine gelungene Keyword-Konkurrenz-Analyse nutzen kannst. Es handelt sich hierbei um SimilarWeb und SEMrush.

SimilarWeb

Beide Tools bieten dir den Vorteil der Konkurrenzanalyse, weil du einsehen kannst, welche Keywords dein Konkurrent nutzt und darüber hinaus über welche dieser Keywords dein Wettbewerber Werbeanzeigen laufen lässt.

Dies ist aus dem Grund interessant, da du davon ausgehen kannst, dass wenn dein Konkurrent für diese Keywords bezahlt, er damit Umsatz generiert. Natürlich kannst du dieses Wissen anschließend auf dein Business transferieren und so unter Garantie Keywords finden, mit denen Umsatz generiert wird.

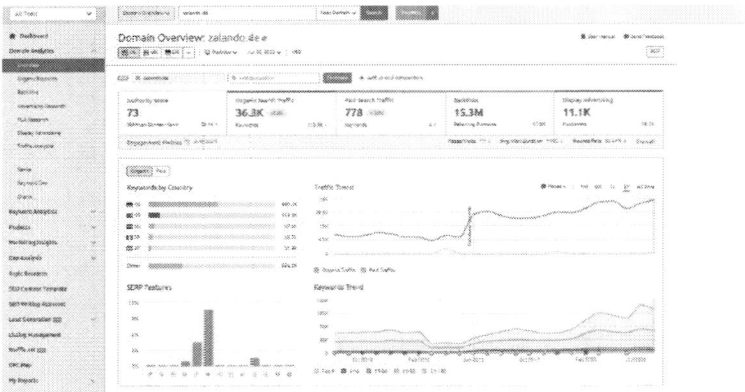

Das Dashboard in SEMrush

Natürlich kosten beide Tools ihren Preis, was sie für kleine Unternehmer auf Grund des stolzen Preises eher abschrecken. Doch bieten beide Tools eine kostenlose Browser-Version des Tools für Nutzer an. Die Analysen sind zwar auf Resultate begrenzt, können aber im Kleinen durchaus ausreichen.

Keyword-Analyse mit Bing

Über das Tool Bing Keyword-Planer kannst du genau wie bei dem Google Adwords Planner eine Keyword Analyse für die Suchmaschine Google, eine Keyword Analyse für die Suchmaschine Bing starten. Hierzu musst du dich zunächst mit einem Microsoft Konto anmelden. Anschließend findest du den Bing Keyword Planer unter „Tools“. Das Tool wird dich von der Handhabung schnell an den Google Keyword Planer erinnern, allerdings basieren die Suchergebnisse hier auf der textbasierten Suchmaschine Bing. Sei dir bewusst, dass der Marktanteil von Bing in Deutschland sehr gering ist, weshalb du nicht aufgrund der ausgespielten Daten auf den deutschen Markt schließen kannst. du wirst unter den Daten Keywörter-Vorschläge, Suchvolumen, Konkurrenzeinschätzungen für Bing Ads und weitere Daten finden, die dir helfen können, eine umfangreiche Keyword-Recherche für Bing durchzuführen.

Aber auch, für eine nicht-ausschließliche-Bing-Recherche kannst du dieses Tool nutzen, um Themengebiete und Nutzerinteressen zu erörtern, die auch für deine Recherche für ein besseres Google Ranking interessant sein können.

Keyword-Analyse auf YouTube

Seit 2014 hat Google sein Recherche-Tool für die YouTube Keyword-Analyse abgeschafft. Dennoch kann YouTube uns, als Teil des Google Universums, wertvolle Informationen über unsere Besucher und Nutzer liefern.

Ich möchte hier zwei Herangehensweisen beschreiben. Zunächst einmal werden wir uns ansehen, wie du YouTube für deine Keyword Recherche nutzen kannst, anschließend wie du eine Keyword-Recherche für YouTube durchführen kannst.

YouTube für die Keyword Recherche nutzen

YouTube ist die größte Videoplattform weltweit. Auf dieser Plattform laden User eigene Videos hoch, die dir wertvolle Informationen für deine Keyword-Recherche liefern können. Da YouTube zu Google gehört, werden YouTube Videos auch mit in der Suche ausgespielt, wenn du eine Suchanfrage bei Google eingibst.

Diese Videos geben dir wertvolle Information über die Suchintention deiner User zu einem bestimmten Keyword. Bist du dir bei einem Keyword mal unsicher, welche Intention hinter der Suchanfrage steckt, kannst du mit den YouTube Videos schauen, welchen Content ein Nutzer erwartet. Achte darauf, ob es sich um informative, unterhaltende, oder empfehlende Videos handelt.

Möchtest du beispielsweise Video Content anbieten, kannst du natürlich auch direkt bei YouTube schauen, welche Ergebnisse dir ausgespielt werden und so herausfinden wer ein möglicher Konkurrent von dir ist.

Keyword Recherche für YouTube

Wenn du das Suchverhalte auf YouTube untersuchen möchtest, musst du dich externer Tools bedienen. Eine Möglichkeit ist natürlich die Suggest Tools Suggestit oder Hypersuggest. Beide Tools spielen dir mögliche Suggest-Anfragen, die zu deinem Keyword auf YouTube gestellt wurden, aus. Diese kannst du in deine Keyword-Liste aufnehmen und deren Suchvolumen anschließend überprüfen.

Das Tool Keywordtool.io

Das Tool keywordtool.io bietet unter dem Reiter „YouTube", bei einem eingegebenen Keyword, passende Vorschläge für relevante Keywords für YouTube. Dieses Tool ist also sehr hilfreich, wenn du noch auf der Suche nach den passenden Keywords für deine YouTube Videos bist.

YTCockpit

Hast du ein wenig Budget in der Hand, kannst du auch das Tool YTCockpit verwenden, welches dir zuverlässig hilft, ebenfalls Keywords für YouTube zu finden. Dieses Tool ist aber nicht ganz günstig (177€ im Jahr für die kleinste Version) und je nach Plan auf Keyword-Suchen pro Tag beschränkt (10 pro Tag in der kleinesten Version). Dieses Tool ist aber genau für YouTube Keyword Recherchen zugeschnitten und bietet dir alle nötigen

Informationen, um deine Videos erfolgreich auf YouTube zu platzieren.

Keyword-Analyse für Amazon&Co.

Um Keywords für Amazon ausfindig zu machen, möchte ich dir zwei Tools vorstellen: keywordtool.io und Helium 10.

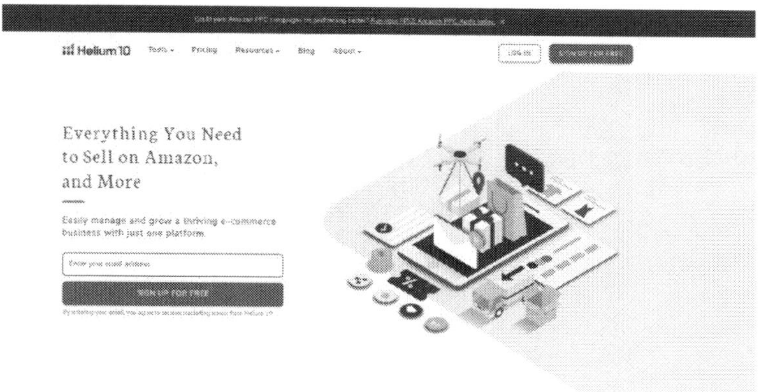

Helium10

Das Tool Keywordtool.io bietet Keyword-Analysen auch für YouTube, Bing, eBay, Instagram, Twitter und den Google Playstore. Besonders mag ich es, dass dieses Tool Unterkategorisierungen ermöglicht. Somit kann bei Amazon ausschließlich nach bestimmten Bereichen wie Bücher, zu einem Suchbegriff analysiert werden. Somit sind vor allem spezifische Analysen effektiv durchzuführen.

Das Tool kann kostenlos mit einigen Einschränkungen genutzt werden. Als Vollversion kostet es 69$/Monat. Die Daten lassen sich bequem exportieren und verarbeiten.

Nach Analyse bietet das Tool neben den Ergebnissen auch die assoziierten Präpositionen und Produkte, die mit diesem Keyword in Verbindung gebracht werden. So können schnell sämtliche Produkte zu einem Keyword gefunden werden.

Helium10 Dashboard

Das Tool Helium 10 wurde speziell für die Keyword-Analyse auf Amazon entwickelt. Es beinhaltet mehrere unterschiedliche Tools und kann im FBA-, MBA- und Kindle-Bereich genutzt werden. Dabei wird nicht nur der deutsche Markt einbezogen, sondern weltweit. Die unterschiedlichen Funktionen von Helium 10 umfassen die Nischensuche und -

analyse, Keyword- und Konkurrenzanalysen und Keyword-Suche für Amazon Advertising.

Helium 10 kannst du zunächst einmal kostenfrei testen, bevor du dich für ein Abo entscheidest.

Helium 10 kannst du dir auch als ein Add-On in den Chrome Browser laden, womit du direkt auf den Produktseiten von Amazon ausführliche Informationen zur Performance erhalten kannst.

Geeignete Keywords für Instagram Hashtags finden

Mit erfolgreichen Hashtags unter deinen Instagram Posts, kannst du neue Follower und mehr Likes gewinnen. Da Instagram keine herkömmliche Suche anbietet, sind Hashtags das Werkzeug, was in gewisser Form die Keywords ersetzt. du nutzt die Hashtags nur, um gefunden zu werden.

Genau wie bei einer normalen Keyword Recherche gehst du hier nach den sieben Schritten einer Keyword-Recherche vor, nur dass du an dieser Stelle nach Hashtags suchst.

Geeignete Instagram Hashtags findest du sowohl mit den Tools keywordtool.io, dem Instagram Hashtag Generator von Sistrix und dem tagsfinder.

Das Tool keywordtool.io wurde schon mehrfach vorgestellt, aber durch seine unterschiedlichen Reiter bietet es dir auch für Instagram die Möglichkeit hier die passenden Hashtags zu finden.

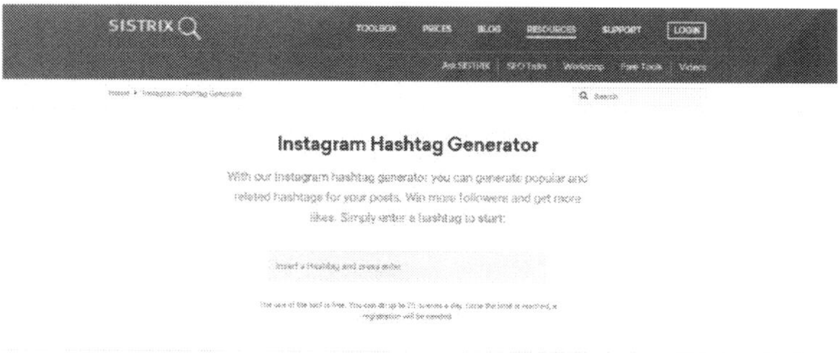

Hashtag Generator von Sistrix

Der Instagram Hashtag Generator von sistrix ist in einer Demo Version kostenfrei und ohne Registrierung zu nutzen, allerdings werden dir nur beschränkt die Ergebnisse angezeigt. Um alle Ergebnisse sehen zu können, brauchst du die Premiumversion. Gut ist aber, dass ich schon in der Demo Version mehrere Hashtags miteinander vergleichen kann und weitere ähnliche Ideen mir vorgeschlagen werden. Im Kleinen reicht dies erst einmal völlig aus. Die Abfrageanzahl ist nicht begrenzt.

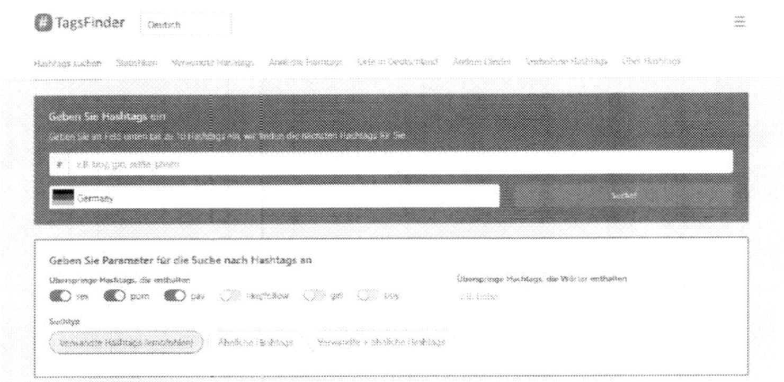

Tagsfinder

Basierend auf Deiner Keyword-Anfrage zeigt dir der tagsfinder die 30 häufigsten Hashtags. Pro Instagram Post sind maximal 30 Hashtags erlaubt. Löschst du aus der Vorgeschlagenen Liste ein paar Hashtags ersetzt das Tool diese durch ein paar andere Hashtags. Außerdem lassen sich Begriffe durch Filter ausblenden. Das Tool garantiert die besten lokalen Hashtags für Deutschland.

Einen Blog mit organischen Keywords boosten

In diesem Abschnitt möchte ich noch einmal mit dir darüber sprechen, wie du die Keyword-Analyse verwenden kannst, um deinen Blog organisch nach vorne zu bringen.

Die Keyword-analyse verrät dir zunächst einmal, welche Keywords deine Zielgruppe Interessant findet und mit welchen Keywords du Traffic generieren kannst. Nun ist es aber auch wichtig, dass du die gefundenen Keywords in Content-Formate packst und diese gelungen platzierst.

Hier geht es um einzelne SEO-Aspekte, die du in Deiner SEO-Strategie beachten solltest. Keywords müssen nicht nur einfach in einem Text eingebaut werden, sondern auch in Überschriften, Permalinks, Alt-Texten von Bildern, Bildbeschreibungen, Menü-Punkten, Pfaden und Metadaten platziert werden, damit deine Seite erfolgreich auf ein Keyword ranken kann.

Natürlich kannst du einzelne Beiträge auf Keywords optimieren, doch vergiss nicht, dass deine Webseite versuchen sollte ganzheitlich eine Thematik abzudecken.

Um die richtigen Begriffe der Thematik abzudecken, kannst du das WDF*IDF Tool verwenden, um zu sehen welche weiteren Begriffe du zu Deinem Keyword verwenden solltest.

Gerade für Online Marketer mit geringerem Budget ist ein Erfolg mit organischer Keyword Platzierung umso wichtiger, da sie es sich nicht leisten können über teure Anzeigen über lange Zeit oben in der Suche aufgeführt zu werden. Daher sollten gerade kleinere Online Marketer es sich zum Ziel machen, absolute Spezialisten in der organischen Suchmaschinenoptimierung zu werden. Eine strategisch und technisch sauber durchgeführte Keyword-Analyse ist hierfür der erste Schritt.

Ich wünsche dir viel Erfolg für deine Keyword-Analyse.

Wenn du Interesse an weiteren Tipps und Tricks hast, wie du deinen Content nach vorn bringen kannst, dann empfehle ich dir meinen Blog How to

Sell Big, auf dem ich viele Tipps zum Thema Plattform-Hacking mit meinen Lesern teile…

Hast du Lust auf meinem Blog als Gastautor zu veröffentlichen? Dann schreibe mir eine Mail an **mail@howtosellbig.com**.

Eine letzte Bitte habe ich noch.

Wenn du aus diesem Buch etwas gelernt hast und mich unterstützen möchtest, freue ich mich, wenn du mir ein ernsthaftes Feedback in Form einer Review auf Amazon für dieses Buch gibst. Dies kostet Dich maximal 2 Minuten und würde mir sehr viel bedeuten.

Hier gelangst du direkt zu meinem Buch auf Amazon.

Der Step by Step Keyword-Recherche Plan:

1. Lege eine Excel Datei für deine Keyword Recherche an. Diese muss enthalten Spalten für Die Keywörter und deren Cluster, das Suchvolumen und ggf. den durchschnittlichen Klick-Preis.

2. Verstehe das Thema und mache ein Brainstorming zu unterschiedlichen Suchanfragen. Nutze unterschiedliche Tools, um erst einmal Keywords zu erfassen, die in deinen Themenbereich passen würden und potenzielle Sucher in die Suchmaschine eintippen würden.

3. Überprüfe nun mit Keyword-Tools, welche deiner gefundenen Keywörter relevant sind, ergänze weitere Einträge und notiere die die jeweiligen Suchvolumina zu deinen Keywords.

4. Nutze als Inspiration für Content ggf. Webseiten von Wettbewerbern. Überprüfe

welche Content-Lücken du finden kannst, teste Webseiten von Wettbewerbern, um herauszufinden auf welche Keywords diese ranken. Kannst du besser ranken als sie? Was fehlt deiner Webseite? Was kannst du von deinen Wettbewerbern lernen?

5. Vergleiche nun die Keywörter in deiner Excel-Datei. Welche Keywords haben das passende Suchvolumen, um mit ihnen zu arbeiten? Welche Longtail-Keywords können zu Content verarbeitet werden? Streiche die Keywords mit zu geringem Suchvolumen aus deiner Excel-Tabelle.

6. Cluster die verbliebenen Keywords in Themengruppen zusammen. So hast du die passenden Keywords zu passenden Content-Gruppen.

7. Überlege noch einmal, was jemand der ein bestimmtes Keyword in die Suchleiste eingibt, finden möchte. Zur Kontrolle, bevor du dich an das Verfassen von Content

machst, überprüfe für die einzelnen Keyword-Cluster, welche Informationen verlangt werden bzw. welches ist die Suchintention des Users?

8. Verfasse deinen Content. Nutze deine unterschiedlichen Keyword-Cluster. Verwende auch thematisch passende Beiwörter. Biete dem Nutzer Relevanz und Information. Nutze das WDF*IDF Tool, um semantisch zusammenhängende Wörter ausfindig zu machen.

9. Überlegst du Anzeigen zu schalten? Dann überlege und rechne einmal durch, wann sich eine Anzeigen-Kampagne für dich lohnt. Arbeite auf dieses Ziel hin.

10.

Bekomme mein neustes Buch GRATIS

Ich liebe es über Methoden und Strategien im Online Marketing zu schreiben und ich bin laufend an einem neuen Buchprojekt dran.

Wenn du mein nächstes Buch GRATIS bekommen möchtest, melde Dich hier für meine VIP Liste an und erhalte mein nächstes Buch KOSTENFREI.

Hier kannst du Dich für meine VIP Liste anmelden.

www.howtosellbig.com/vip

&

Gerne gib mir dein Feedback zu diesem Buch auf Amazon.

Printed in Poland
by Amazon Fulfillment
Poland Sp. z o.o., Wrocław

11187358R00073